Perles à créer en pâte polymère

Carole AUBOURG

crea passions .com

■ recevez gratuitement notre astuce du jour ■ suivez l'actualité de nos ouvrages

■ et suivez toutes nos collections

Éditrice : Emmanuelle PROT
Tél. : 06 14 19 44 21 / Email : eprot@creapassions.com

Réalisation : Vitrac & Son Prepress
www.vitracandson-prepress.com

Vitrac & Son Publishing Ltd
11 Welbeck Street, London W1G 9XZ, United Kingdom
www.vitracandson.co.uk

Sommaire

Faites-vous plaisir !

Avec l'argile polymère vous allez pouvoir fabriquer de beaux bijoux personnalisés et assortis à vos tenues. Vous allez vous épater !

Rapidement vous pourrez confectionner des bijoux simples et, en prenant plus de temps puis en aiguisant votre patience, vous pourrez créer de vrais chefs-d'œuvre.

Vous apprendrez à faire des perles diverses et variées et à les monter afin de finaliser des bijoux.

Ce livre s'adresse surtout aux débutants et aux initiés.

En aucun cas il n'est un concentré d'inventions, mais plutôt il se veut un condensé de techniques diverses et variées glanées au fur et à mesure des balades sur le net et des expériences.

Les grandes prêtresses de la polymère n'y trouveront rien de nouveau, mais vous pourrez les rencontrer virtuellement en allant admirer leur art sur leur blog.

Bonne découverte et surtout faites-vous plaisir !

À savoir

Reportez-vous au cahier technique, pages 121 à 128, pour découvrir les gestes les plus courants et ceux qui vous serviront à monter vos créations.

Rendez-vous à la fin de l'ouvrage, page 131, pour découvrir les adresses des sites incontournables.

L'argile polymère

C'est une pâte à modeler un peu spéciale, car elle a la propriété de se cuire au four ménager et de durcir tel du plastique.

Une fois la polymérisation obtenue après cuisson, elle devient solide et presque incassable.
Il existe plusieurs marques dont la plus connue étant la « FIMO ». En outre, il est bon aussi de s'intéresser à la marque « PREMO » de « SCLUPTEY » qui offre une multitude de couleurs chatoyantes. On trouve sur le marché de la « KATO », de la « PARDO » et tant d'autres marques.

Dans cet ouvrage j'utiliserai de la « FIMO » et de la « PREMO ».
La « FIMO » existe en version « Soft, Effect et Classic ». Notons que, c'est la dernière version qui permet d'obtenir les meilleurs détails.

La pâte crue se conserve longtemps si elle est emballée dans du film de fleuriste et conservée dans une boîte à température ambiante.

L'utilisation des gants est parfois utile pour ne pas marquer la pâte avec les doigts, mais c'est aussi une affaire de goût. Personnellement, je ne les utilise pas et préfère lisser soigneusement la pâte avant l'enfournement.

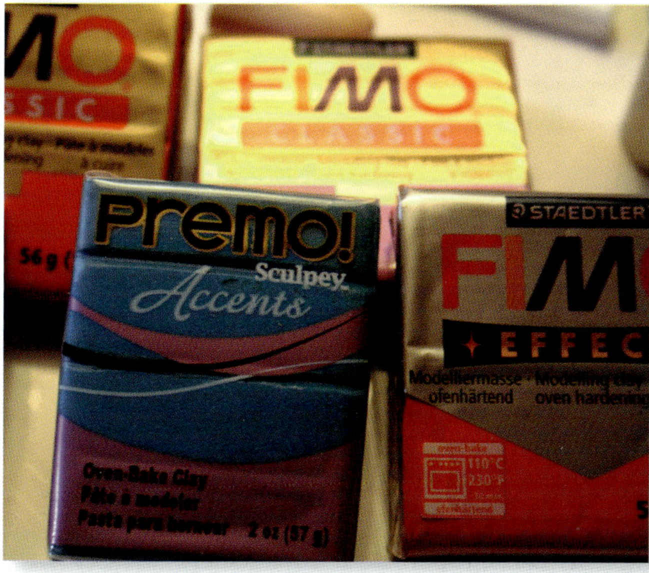

À savoir

La pâte « FIMO » ne doit pas être manipulée par des enfants de moins de huit ans. En revanche, ils peuvent manipuler la « PREMO » sous surveillance d'un adulte.

Ces différentes marques sont disponibles sur le site « Perles & CO » (voir le carnet d'adresses page 131).

Le matériel pour le travail de l'argile

Un plan de travail propre et lisse comme un grand carrelage lisse :

1. Une machine à pâte (presque indispensable).
2. Un rouleau transparent (ou un bocal).
3. Des lames très coupantes (lames de cutter ou lames spéciales), pouvant être ondulées ou crantées pour les découpes fantaisies.
4. Un torchon pour vous essuyer les mains entre chaque manipulation.
5. Une seringue extrudeuse ou clay-gun si besoin.
6. Une règle métallique (car la polymère réagit mal au contact du plastique).
7. Des emporte-pièces.
8. Des aiguilles pour percer la pâte avant la cuisson.
9. Des cure-dents et des pics à brochettes en bois.
10. Du papier de verre (gros, moyens et grains fins).
11. Du papier abrasif très fin, à usage à eau, pour poncer les pièces cuites.
12. Du vernis pour argile polymère et de la colle « Super glue ».
13. Un plat à escargots.
14. Des tampons et des objets divers, pouvant marquer la pâte.
15. Une plaque de verre ou un morceau de carrelage pour cuire les perles.
16. Du papier sulfurisé et du papier fleuriste.

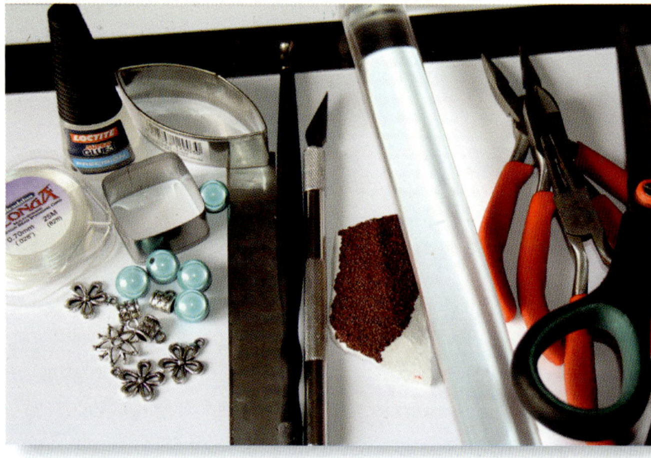

À savoir

Une grande partie de ce matériel est disponible sur le site « Perles & CO. » (voir le carnet d'adresses page 131).

La cuisson

Elle doit être réalisée avec soin et il est utile de s'assurer de la température exacte de votre four.

Si la cuisson est réalisée dans de bonnes conditions, elle n'est pas dangereuse, mais il est tout de même bon d'aérer le four après une cuisson de polymère.

Vous pouvez aussi vous équiper d'un mini four, que, vous réserverez à l'usage de la polymère.
Les marques recommandent une température de cuisson qu'il est bon de respecter. Si vous utilisez différentes marques mélangées, ce qui est tout à fait possible, il vaut mieux utiliser une température moyenne.

Quand vous cuisez des perles transparentes (c'est-à-dire de base transparente), réduisez un peu la température et vous verrez que la transparence n'en sera que meilleure. Vous pouvez aussi les jeter dans un bain d'eau glacée à la sortie du four. En effet, le choc thermique accentuera la transparence.

J'applique cette technique à toutes mes perles, car cela permet un refroidissement plus rapide.

Astuce

À la fin de la cuisson, je jette mes perles dans l'eau glacée, pour que cette opération soit facile. Je place un bloc réfrigéré dans un saladier et je dépose mes perles dedans. Plus besoin de glaçons qui gèlent les mains...

Les fournitures de montage

Les accessoires de montage :

1. Une pince coupante pour couper les tiges, les câbles, les chaînes...
2. Une pince à bouts ronds pour former les anneaux et deux pinces à bouts plats pour ouvrir et/ou fermer ces derniers afin de serrer les perles à écraser et ceux des embouts.
3. Une perceuse pour perforer les perles après cuisson.
4. Des chaînes, des cordons de coton ciré, des rubans et des embouts de finition.
5. Des clous de jonction (à tête ou à boule ou en anneaux) et anneaux.
6. Un câble et des perles à écraser.
7. Des perles magiques, des perles rocaille, des breloques métalliques...

À savoir

Vous trouverez une multitude d'accessoires de montage autrement appelés « apprêts » sur le site des « fimoteuses averties », « MALOUFIMO » (voir le carnet d'adresses page 131) qui regorge d'idées et de tutoriaux.

Avant de commencer...

Dans les deux premières parties vous découvrirez quelques techniques pour réaliser des perles qui seront ensuite utilisées dans des bijoux (dans la troisième partie).

Les perles peuvent être de formes diverses et variées et obtenues par modelage ou par assemblage.

En polymère, on utilise le terme « canne » pour parler d'un long boudin (ou colombin) qui renferme un motif élaboré identique du début jusqu'à la fin.

Elle peut se réduire en obtenant un dessin de plus en plus petit.
Les perles peuvent aussi être obtenues à partir de ces fameuses « cannes ».

Je me suis efforcée d'indiquer le plus possible les quantités de pâte nécessaires à la confection des différentes perles..

J'ai aussi pris soin d'utiliser, aux mieux, tous les restes obtenus lors de la confection de « cannes » pour faire de nouvelles perles.
Aussi, si certaines perles ne nécessitent pas la machine à pâte (abrégée par les lettres « map » dans cet ouvrage), l'achat de celle-ci devient vite indispensable.

Certains magasins en proposent de très bon marché

mais rien ne vaut la qualité d'une grande marque.
Dans ce livre, les explications sont données avec une ATLAS 180, le plus gros écartement correspond au cran 1.

À savoir

Le terme « canne » ne désigne pas la femelle du canard, mais le colombin renfermant un motif identique du début à la fin.

Elle se tranche et s'applique sur les perles ou permet de les faire, en conservant des tranches plus épaisses.

I. Des perles à partir des techniques

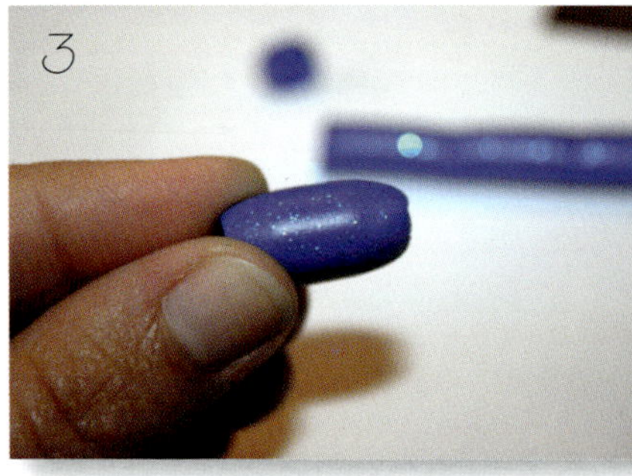

1. Les différentes perles

Les boules

Elles peuvent être simples, recouvertes avec du « fil en polymère », de petits pois, des textures, ornées de « cannes »..., etc.

Première méthode sans machine à pâte :

Photo 1

1. Réchauffez la pâte afin de la modeler plus facilement puis formez un long colombin pas trop épais.

Photo 2

2. Vous y découperez des tronçons de même longueur en mesurant avec un réglet.

Photo 3

3. Prenez soin de pincer les extrémités de chaque morceau que vous modèlerez entre vos mains afin d'obtenir une perle ronde plus ou moins grande en fonction de la mesure choisie.

À prévoir

Les quantités de pâte sont exprimées en barre (par exemple, il y a 8 barres dans un paquet de « Fimo »).

Ici on s'exercera avec 2 barres de « Fimo ».

1. Les différentes perles

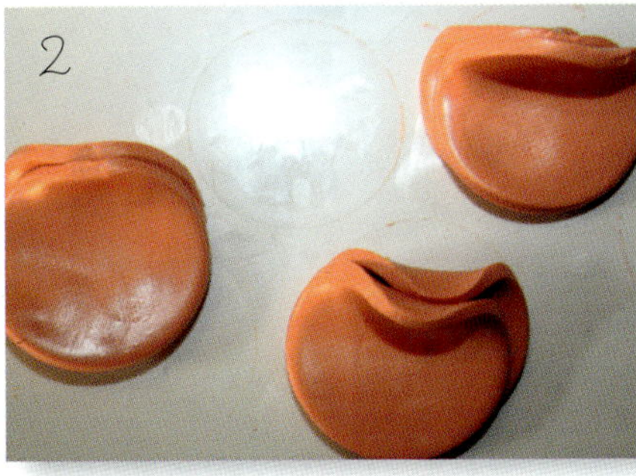

1. Mélangez bien la pâte de façon à chasser les bulles d'air qui pourrait la marquer après cuisson.

Photo 1

2. Puis étalez soigneusement la pâte (n° 1 à la map ou au rouleau) avec un emporte-pièce (rond ou carré) et enfin découpez-les en plusieurs formes identiques qui serviront de gabarits.

Photo 3

3. Cette technique vous permet de réaliser des perles de grosseur régulière.

Photo 2

4. Vous pouvez ainsi obtenir des perles plus ou moins grosses en superposant les découpes.

Photo 4

5. On peut texturer les perles, leur donner un aspect de pierre, en les roulant dans du sucre et n'hésitez pas à les modeler à nouveau pour bien faire pénétrer le sucre qui partira pendant le bain d'eau glacée.

Photo 5

6. Faites-les cuire dans le plat à escargots pour limiter leur déformation.

Boules rayées simples

Les boules rayées

Plusieurs méthodes existent pour les créer :

Photo 1

1. En effet, on peut utiliser les restes d'un dégradé ou d'un colombin, d'une couleur claire entourée d'une couleur plus foncée.

Photo 2

2. Puis, réduisez le colombin le plus long possible.

Photo 3

3. Aplatissez les restes qui serviront de bases pour les perles et formez-en de belles boules rondes.
4. Et enfin recouvrez les perles à l'aide du long colombin, elles doivent être entièrement recouvertes.

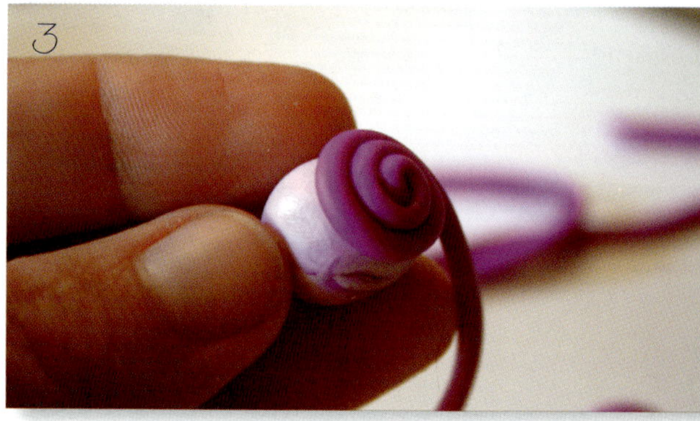

Boules rayées simples

Photo 1

1. Avec une lame, scalpez la surface de la perle.

Photo 2

2. Vous ne devez enlever que la surface.
3. Gardez les détritus car ils peuvent vous servir à recouvrir une autre perle.

Photo 3

4. Roulez vos perles afin d'éliminer les démarcations.

Boules rayées à partir de plaques

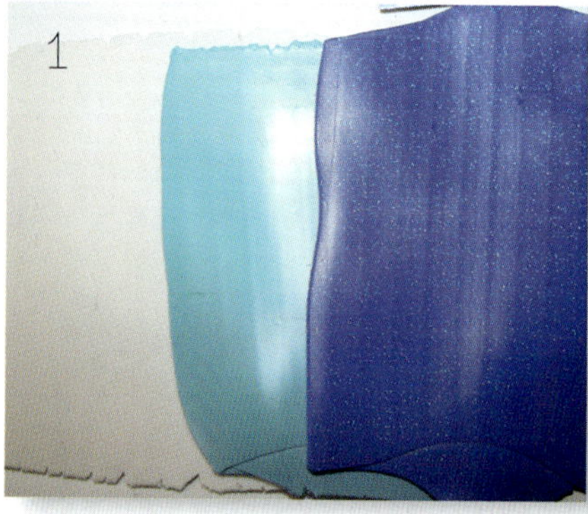

Photo 1

1. Premièrement, préparez des pâtes dans un camaïeu de couleurs et abaissez-les à la map en trois plaques (cran n°1).

Photo 2

2. Deuxièmement, superposez-les jusqu'à ce que vous obteniez des rayures puis coupez et superposez à nouveau.

Photo 3

3. Coupez les bords irréguliers et conservez les pour préparer des perles de base.

Photo 4

4. Quatrième et dernièrement, coupez des tranches fines.

Quantité de pâte

- 2 barres de turquoise « Premo »
- 4 barres de Blanc nacré « Fimo »
- 4 barres de bleu pailleté « Fimo ».

Boules rayées à partir de plaques

Photo 5

1. Tranchez plusieurs petites plaques, une seule à la fois, pour que votre geste soit plus précis.

Photo 6

2. Recouvrez la perle en prenant soin de conserver les rayures droites puis rabattez les bords sur le sommet de la perle et enfin le lisser bien.

Photo 7

3. Les rayures doivent se rejoindre au centre, vous pourrez les percer à cet endroit.

Photo 8

4. Et vous obtiendrez des perles rondes rayées.

Pour aller plus loin

Conservez un peu de rayures pour recouvrir des perles lentilles.

Boules recouvertes de tranches de canne

Photo 1

1. En premier, découpez de fines tranches de cannes.

Photo 2

2. Puis, en second, préparez des perles de support et appliquez les tranches de canne dessus.

Photo 3

3. Et dernièrement, vous pouvez recouvrir entièrement ou partiellement la perle.
4. Il faut rouler les perles afin d'effacer les raccords au maximum.

Boules recouvertes de tranches de canne

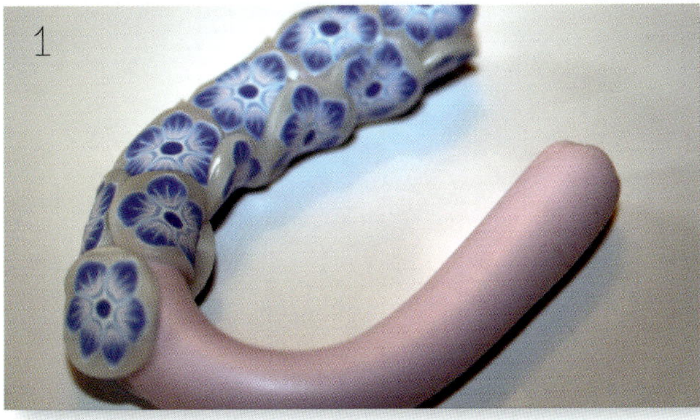

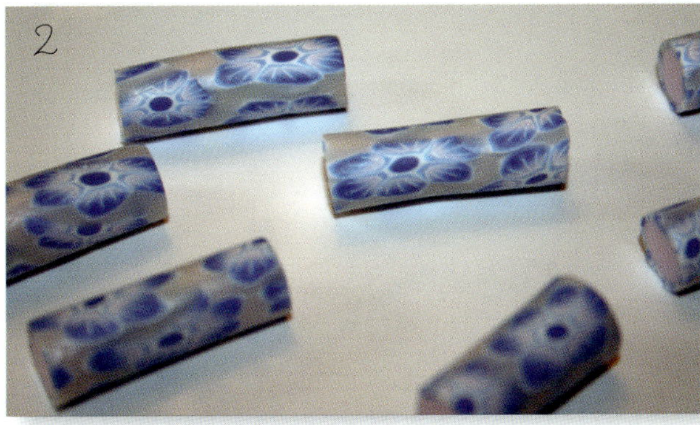

Photo 1

1. Recouvrez un colombin de tranche de cannes.

   A l'exemple de l'explication de « Chamade » sur son blog (voir dans le carnet d'adresses page 131).

Photo 2

2. Ensuite, découpez des morceaux identiques du colombin en vous servant d'un réglet.

Photo 3

3. Puis, pincez les extrémités.
4. Et enfin, lissez les perles et donnez-leur la forme voulue.

Boules recouvertes de tranches de canne

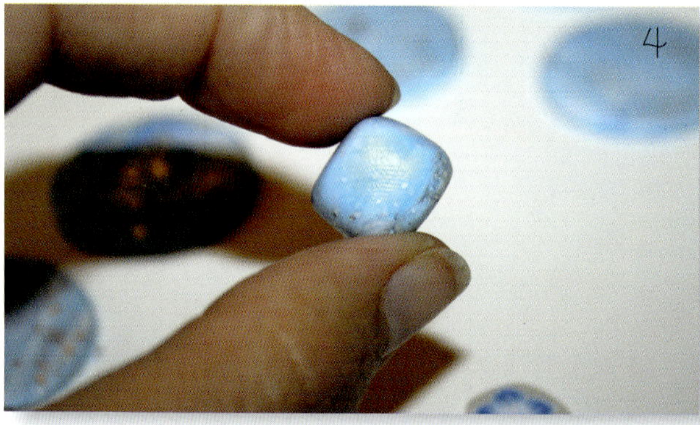

Photo 4

On peut aussi former un cube grossier à partir d'une base ronde :

Photo 5

1. Appliquez six tranches de canne sur chaque face.
2. Roulez dans vos mains, pour redonner une forme ronde, afin d'éviter les reliefs.

Photo 6

3. Vous pouvez obtenir diverses formes en modelant les perles à votre guise.

Les lentilles

Ces perles portent ce nom car elles rappellent la forme de la petite légumineuse succulente avec du petit salé...

Elles permettent de réaliser des « Colliers au ras du cou » très seyants.

Un plat à escargots ou de vieilles ampoules sont nécessaires pour les faire cuire afin de conserver leur forme lors de la cuisson.

Elles peuvent être unies, texturées ou agrémentées de tranches de canne.

La méthode de base

1. Utilisez une couleur ou un mélange de restes (par exemple, vous pouvez utiliser les restes des rayures mélangés de manière uniforme).
2. Abaissez à la map (n° 1).
3. Prélevez des ronds grâce à l'emporte-pièce.
4. Posez chaque lentille sur un plat à escargot en prenant soin de bien lisser afin que la lentille adhère parfaitement au support.
5. Je vous propose de confectionner des lentilles rayées, pour cela utilisez les restes bleus, abaissez à la map (n° 1).

Astuce

Vous pouvez vous procurer des plats à escargots à moindre coût sur internet ou dans les brocantes. Vous pouvez utiliser une ampoule à laquelle vous confectionnerez un pied avec des restes de pâtes.

Des lentilles rayées

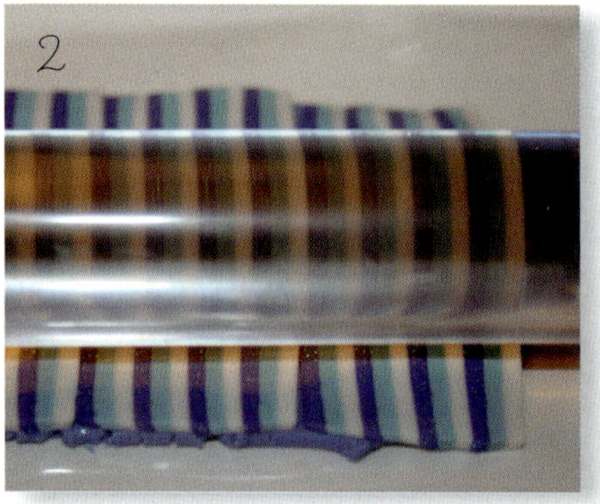

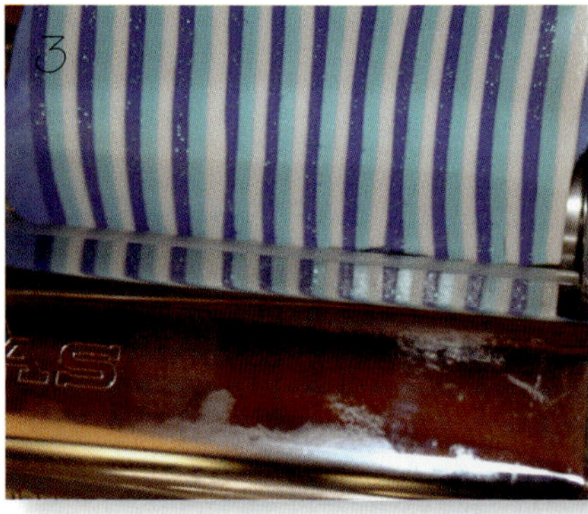

Photo 1

1. Coupez de fines tranches de la « canne rayée » et posez-les délicatement sur votre plaque, que vous aurez pris soin de poser sur une feuille de papier fleuriste.

Photo 2

2. Roulez soigneusement, sans oublier, le papier fleuriste entre le rouleau et la pâte.

Photo 3

3. Passez à la map (n°1) dans le sens de rayures.

Photo 4

4. Prélevez les ronds, puis, soulevez la plaque plutôt que de prélever les formes et elles se déformeront moins.

Photo 5

5. Posez-les sur le plat à escargot en faisant adhérer les ronds sur ce dernier et tout en lissant parfaitement.

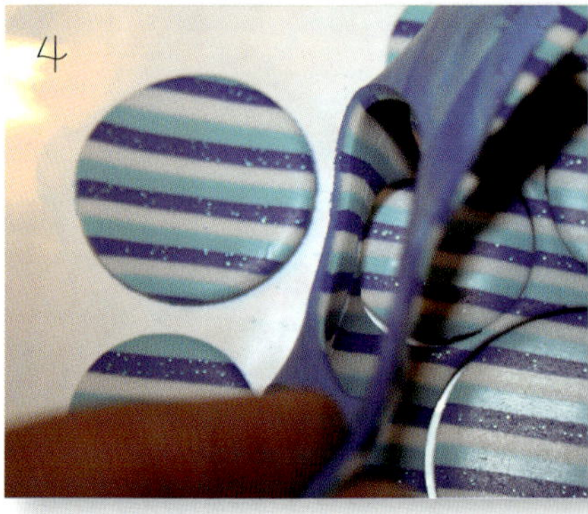

Des lentilles décorées

1. Préparez une plaque (n° 1 à la map) et découpez de fines tranches de « canne » que vous appliquez dessus.
2. Ici on utilise la « canne Art déco » (page 76) et la « canne visage » (page 75) ainsi qu'une petite « canne spirale » confectionnée avec du marron et du doré.

Photo 1

3. Prenez soin de déposer votre plaque d'appui sur une feuille de papier fleuriste et une autre feuille sera nécessaire pour lisser les différentes tranches de canne.
4. Passez le rouleau dans tous les sens afin de limiter la déformation des motifs.
5. Lissez soigneusement afin de ne pas voir de démarcation.

Photo 2

6. Quand la plaque vous satisfait, vous pouvez y découper les motifs qui vous conviennent.
7. Une même plaque vous permettra de faire un collier, voire une parure...

À savoir

- Dès à la sortie du four, il faut poncer légèrement les lentilles sous l'eau afin de diminuer les bords, parfois, blessants.
- Les lentilles peuvent être ensuite lustrées, vernies ou texturées et percées.

Les tubes unis

Les tubes

Les tubes sont des perles hautes obtenues en modelant un colombin que l'on tranche en plusieurs morceaux.

Réalisez des tubes unis

Photo 1

1. Préparez un colombin le plus régulier possible.
2. Mesurez et coupez des parts égales.

Photo 2

3. Percez avant la cuisson avec un pic à brochette.
4. Roulez délicatement sur le plan de travail.

Photo 3

Si vous souhaitez, vous pouvez texturer avec du gros sel. Ainsi, la perle aura des impressions et de petits trous.

C'est la même méthode que pour le sucre...

Les tubes colorés

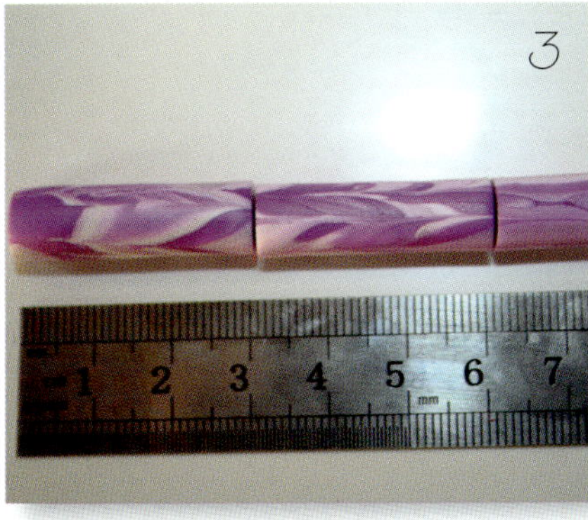

Photo 1

1. Ils peuvent être colorés et réalisés grâce aux restes de cannes.
2. Mélangez les restes de cannes légèrement et tordez le colombin.

Photo 2

3. Ensuite, creusez des sillons avec un pic à brochette dans le sens de la hauteur, de haut en bas puis de bas en haut.

Photo 3

4. Quand des chevrons apparaissent, vous pouvez rouler le colombin et découpez-le en morceaux afin d'obtenir plusieurs perles tubes.

Photo 4

5. Prenez soin de bien les rouler afin de les égaliser autour du trou et de les percer avant cuisson.
6. Et enfin, cuisez-les debout afin de ne pas trop les déformer.

Des tubes recouverts de tranches de canne

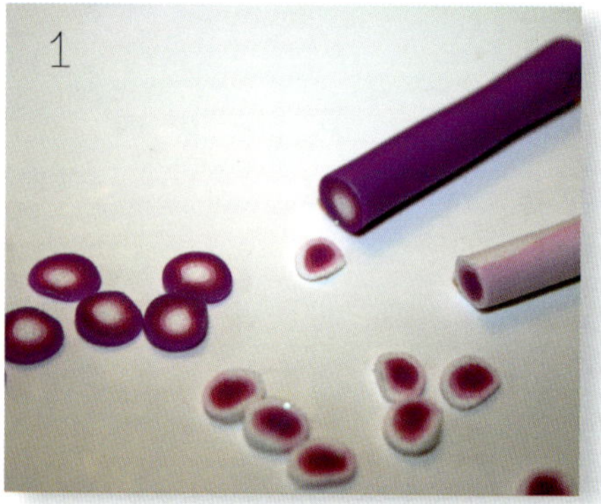

Servez-vous des restes du dégradé à trois couleurs ou choisissez une autre couleur de base :

Photo 1

1. Tranchez les restes du dégradé roulé ou une autre canne.

Photo 2

2. Ensuite, appliquez tout autour de chaque colombin.

Photo 3

3. Roulez afin d'effacer les reliefs.
4. Coupez en tranches régulières.
5. Percez avant de cuire.
6. Soyez minutieux afin de ne pas déformer en perçant.

Photo 4

7. Pour finir, faites cuire debout pour conserver la forme.

Les pastilles et les anneaux

1. Les pastilles sont des perles plates que l'on percera après cuisson et qui agrémenteront différents bijoux.

2. Elles sont obtenues simplement en découpant avec des emporte-pièces ronds la pâte étalée en plaque à la map.

Photo 1

3. Elles peuvent être unies ou obtenues à partir d'un dégradé.

4. On peut les garder plates, mais aussi leur donner une forme.

Photos 2/3

5. Les anneaux sont des pastilles trouées en leur milieu. On se servira d'un petit emporte-pièce à cet effet.

Pour aller plus loin

Vous trouverez à la fin de l'ouvrage, page 120, des exemples de réalisation utilisant ce genre de perles.

Des perles pastilles « fleurs »

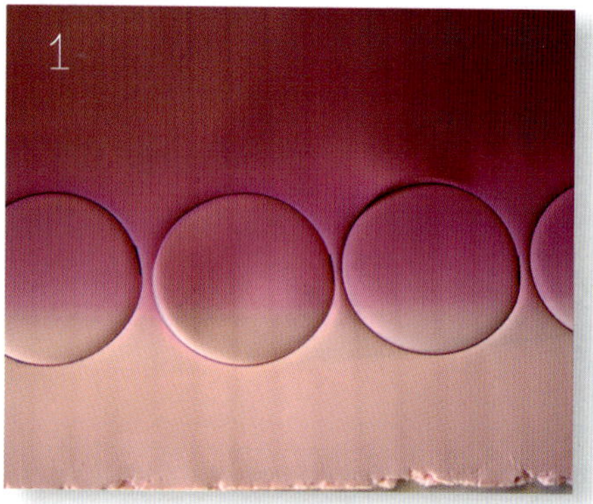

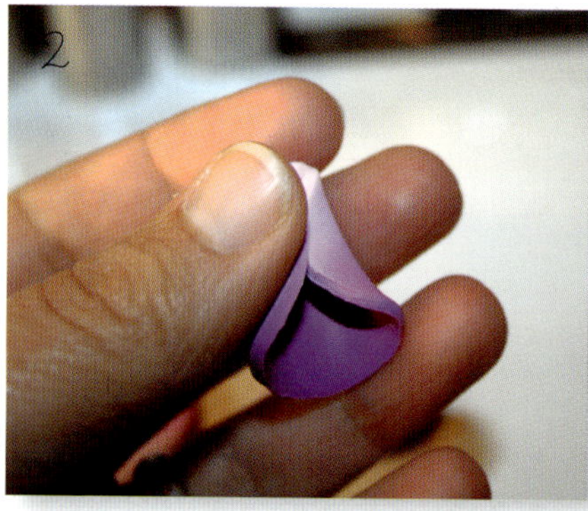

1. Préparez un dégradé à deux couleurs avec deux barres de chaque couleur.
2. Référez-vous au chapitre 3, pages 44, pour aborder la technique du dégradé.

Photo 1

3. Prélevez-y des ronds à l'emporte-pièce.

Photo 2

4. Fermez les ronds en cônes, puis vous obtenez de petites clochettes.

Photo 3

5. Prenez soin de les percer avant cuisson.

Photo 4

6. Lissez le plus minutieusement possible les petites clochettes avant de les enfourner.

Pour aller plus loin

Vous trouverez les explications du montage d'un collier, utilisant ces perles, à la page 101.

Des perles plates

Photos 1/2/3

Les perles plates peuvent être obtenues simplement en découpant une plaque grâce à des emporte-pièces de formes variées.

Elles seront alors intégrées dans des bijoux en les perçant après cuisson.

Photo 4

On vous présente un exemple de réalisation obtenu avec le dégradé du chapitre 3, pages 44.

Photo 5

Vous pouvez faire cuire vos perles à plat ou sur une ampoule, elles ne seront plus vraiment plates mais, du plus bel effet.

À savoir

Vous trouverez sur le net une diversité d'emporte-pièces.

Des perles plates à partir du dégradé

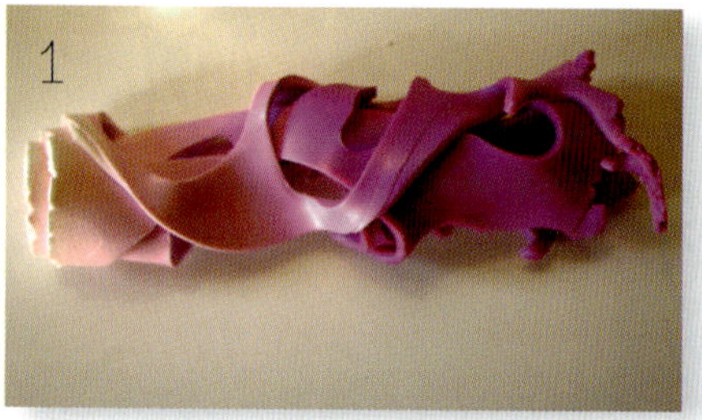

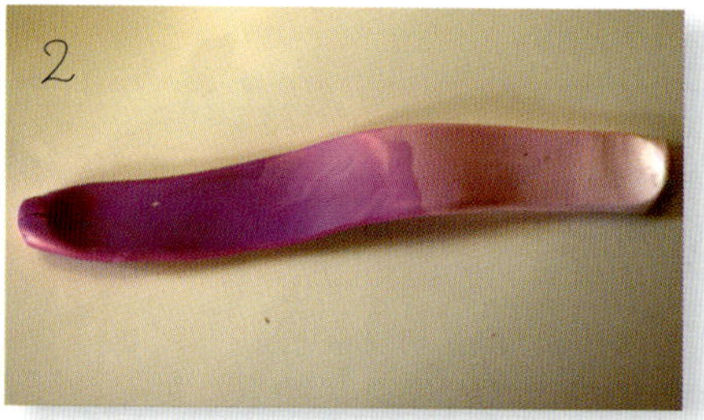

Photo 1

1. Amalgamez les restes de la plaque du dégradé découpée avec les emporte-pièces.

Photo 2

2. Serrez bien le tout.
3. Formez un colombin que nous aplatirons à partir du blanc dans la map (cran n° 1).
4. Coupez en biseau le bord blanc.

Photo 3

5. Roulez du blanc vers le violet.
6. Réduisez en pressant le milieu du colombin.
7. Réduisez les côtés.
8. Reformez un colombin bien cylindrique en pressant de chaque côté.

Photo 4

9. Roulez un long colombin.

Photo 5

10. Découpez des tranches de 3 millimètres d'épaisseur environ en ayant pris soin de découper les extrémités.

Photo 6

11. Percez-les, de part en part, avec une fine aiguille avant la cuisson.

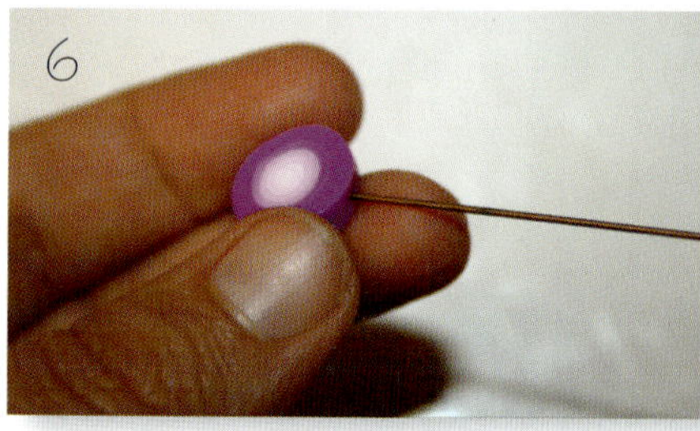

Variation autour des perles

Des perles pelotes

Photo 1

1. Utilisez le clay gun (choisissez l'embout petit rond) ou modelez un long et fin colombin en utilisant les restes de la « canne cible » de la page 48.

Photo 2

2. Vous obtenez un long fil de pâte.

Photo 3

3. Rejoignez les deux extrémités.

Photo 4

4. Enroulez le fil de manière aléatoire et reformez une boule légèrement, sans appuyer pour ne pas déformer le fil.

Photo 5

5. Vous obtenez de petites pelotes de polymère.... pas du tout destinées aux tricots !

Des perles rayées bombées

Photo 1

1. Préparez des rayures selon la même technique que la page 16.

Photo 2

2. Préparez une perle rayée et aplatissez-la au centre entre vos doigts.

Photo 3

3. Percez avant la cuisson, en faisant attention aux deux côtés de la perle.

Variation autour des perles

Des perles à trous

Photo 1

Pour faire ces perles, vous aurez besoin de boules de cotillon.

1. Recouvrez-les d'une bande de couleur (n° 1 à la map).

Photo 2

2. Procédez comme pour les perles à rayures et marquez un trou avec un pic à brochette.

Photo 3

3. Cuisez la perle ainsi.
4. Percez un gros trou à la perceuse, de part en part.
5. Faites tremper toute une nuit les perles ainsi la boule de cotillon va se ramollir.

Photo 4

6. Maintenant, armez-vous de patience et enlevez toute la boule de cotillon.

Photo 5

7. Rincez abondamment et percez à nouveau, un peu partout.

À savoir

Ces perles demandent beaucoup de temps et de patience.

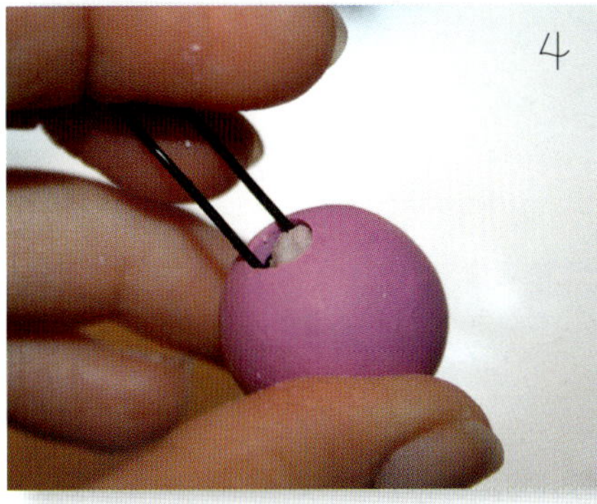

Variation autour des perles

Les perles à pois

Photo 1

1. Tranchez délicatement et le plus finement possible un colombin effectué avec le clay gun.

Photo 2

2. Appliquez ces fines tranches tout autour d'une perle ronde.

Photo 3

3. Modelez à nouveau la perle entre vos mains afin d'éliminer tout relief.

Photo 4

4. Vous pouvez procéder de la même façon sur une plaque.
5. Les pois peuvent aussi être faits avec un embout d'outil.
6. Lissez au rouleau avec un papier de fleuriste dessous et dessus.
7. Vous pouvez y découper des lentilles à l'emporte-pièce.

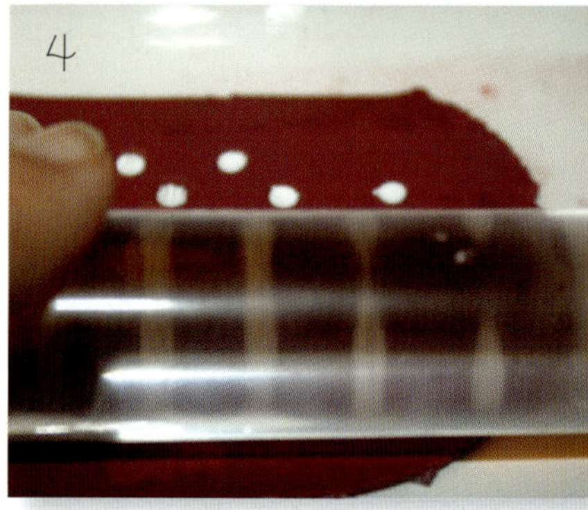

Astuce

Vous pouvez arrêter le modelage à la photo n° 2, ainsi, vous aurez des perles à pois à relief.

Variation autour des perles

1. Préparez des boules en découpant à l'emporte-pièce une plaque (n° 1 à la map).
2. Vous devez alors modeler un long colombin le plus fin et le plus régulier possible.

Photo 1

3. Pour plus de facilité, choisissez l'embout (petit rond) au clay-gun.
4. Vous obtenez un long colombin bien régulier.

Photo 2

5. Recouvrez la perle avec ce dernier.

Photos 3/4

6. Vous pouvez la recouvrir entièrement de façon régulière, ou de manière irrégulière comme les perles pelotes ou partiellement.

Variation autour des perles

Des perles « clipo »

Photo 1

1. Recouvrez une boule de pâte « beurk » de tranches de « clipo » selon la méthode vue dans le chapitre texture de la page 35.

Photo 2

2. Vous obtiendrez une perle à effet.

Des perles de lave

Photo 3

1. Modelez une perle ronde que vous déposerez dans le sucre puis aplatissez-la entre vos mains.

Variations

Photos 4/5

2. Avec la canne rayée, de la page 16, tranchez de petits prismes droits et découpez de petits poissons à l'emporte-pièce que vous ferez cuire sur une ampoule

À savoir

Des perles plates carrées peuvent être cuites sur le plat à escargots, elles seront joliment bombées.

2. Les textures

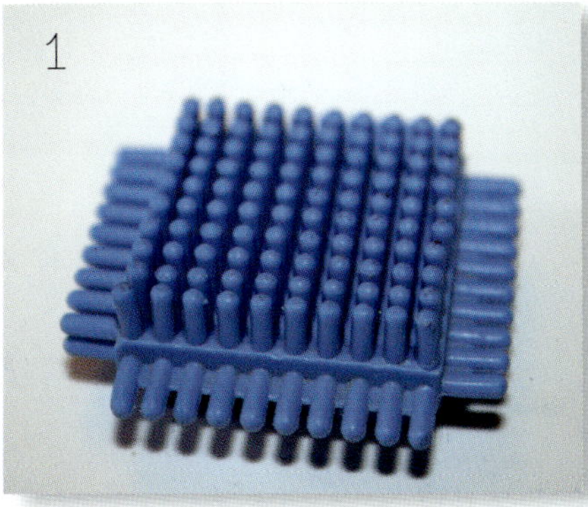

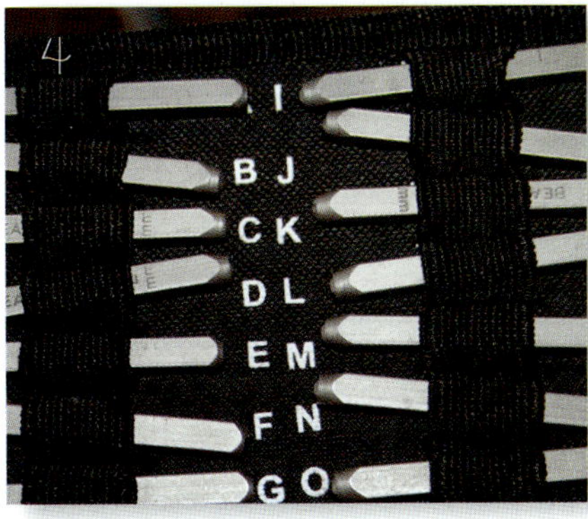

Photo 1
On peut donner des effets aux perles grâce à des textures aussi variées que non conventionnelles... C'est le cas des « clipos ». Ce petit jeu d'encastrement pour enfant permet d'obtenir des effets très intéressants.

Photo 2
Le papier sulfurisé froissé donne un effet « cuir » aux perles brunes ou noires, il suffit de tamponner la perle avec ce papier.

Photo 3
Le papier de verre imprime de petits cratères sur la surface de la perle un peu comme le sucre, mais il est plus pratique sur les perles lentilles. Il permet aussi d'éviter le vernis.

Photo 4
Vous pouvez aussi écrire des mots sur la pâte grâce à des poinçons.

De nombreux tampons vous permettent d'autres effets, les possibilités sont immenses.

À savoir
On trouve les lettres poinçons chez Perles & Co (voir le carnet d'adresses 131).

Le « mokumé gané au clipo »

Préparez trois couleurs :

Photo 1

1. Aplatissez-les en trois plaques.
2. Passez-les dans la map (n°1).

Photo 2

3. Placez votre plaque sur un bocal et appuyez fortement le « clipo » dessus.
4. Il suffit de trancher la surface pour voir apparaître les autres couleurs.

Photo 3

5. Vous pouvez le passer à nouveau à la map pour agrandir les effets et vous servir des morceaux tranchés pour recouvrir une plaque.

Photo 4

6. Ces plaques sont utilisées pour faire de jolis fonds ou telles quelles pour des perles lentilles ou pour recouvrir des perles rondes.

Le « mokumé gané au tampon »

Photo 1

1. Procédez comme pour le « clipo », utilisez des tampons souples, disponibles sur le site Perles & CO.

Photo 2

2. Scalpez en surface afin de faire apparaître les autres couleurs.

Photo 3

3. Posez une feuille de papier fleuriste
4. Lissez avec le rouleau.

Photo 4

5. Vous obtenez une plaque texturée utilisable pour faire un pendentif, des perles lentilles, avec les chutes on peut recouvrir une perle.

À savoir

Le « Mokumé gané » est inspiré de l'art métallurgique japonais du XVIe siècle.

Le « mokumé gané métallisé »

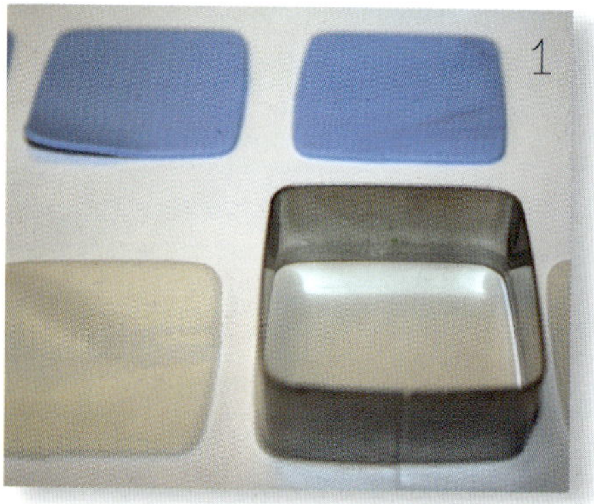

Photo 1

1. Préparez deux plaques (n°3 à la map) : une de couleur assez claire et une de transparente.
2. Découpez des carrés dans ces plaques.

Photo 2

3. Recouvrez chaque carré de feuille métallisée, choisissez sa teinte selon vos goûts.

Photo 3

4. Empilez les carrés ainsi obtenus en alternant les couleurs.

Photo 4

5. Aplatissez légèrement le tout et tranchez les bords.
6. Récupérez-les et formez-en un colombin.

Le « mokumé gané métallisé »

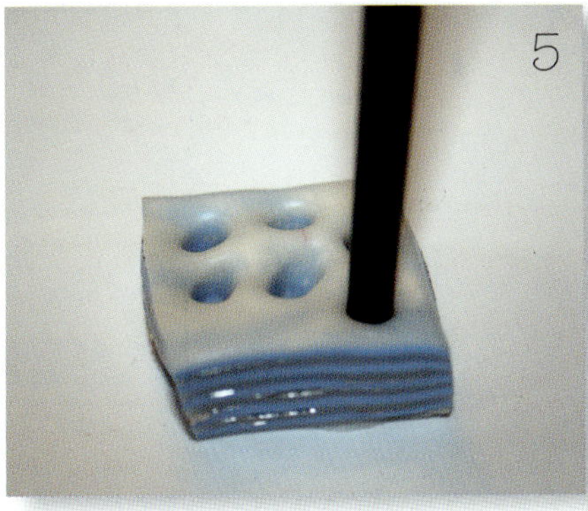

Photo 5

1. Avec le manche d'un pinceau, faites des trous dans le carré.

Photo 6

2. Insérez-y des morceaux du colombin de restes.
3. Aplatissez légèrement le tout et installez-le sur une ampoule.

Photo 7

4. Avec une lame, découpez de fines tranches, vous obtenez une pâte texturée.

Photo 8

5. Ces perles ont été recouvertes avec les découpes et avec de fines tranches de la canne à fleur transparente, de la page 69.

À savoir

Vous pouvez aussi utiliser les découpes pour faire un fond, voir les exemples de réalisations page 120.

L'hidden magic

Photo 1

1. Préparez trois dégradés circulaires en les enroulant en commençant par le blanc.
2. Recouvrez-les d'une fine bande de noir (n°3 à la map) .

Photo 2

3. Réduisez
4. Vous devez obtenir minimum 15 centimètres de chaque couleur.
5. Coupez en morceaux de 5 centimètres.

Photo 3

6. Assemblez comme sur la photo.
7. Aplatissez légèrement au rouleau.
8. Passez au n° 1 à la map.

Photo 4

9. Choisissez un beau tampon et installez votre plaque sur un bocal et imprimez très fort le tampon.
10. Scalpez avec une lame, la magie s'opère (photo 4)...

Photo 5

11. Préparez une plaque noire (n° 1 à la map) et prenez soin de la poser sur une feuille de papier fleuriste.
12. Appliquez votre plaque colorée dessus.

Photo 6

13. Lissez les reliefs avec le rouleau.
14. Vous pouvez, par exemple, obtenir de petits pendentifs.

Quantité de pâte

Une barre « Premo » de chaque couleur et une même quantité de blanc. Vous aurez aussi besoin de noir.

L'effet Stroppel

Cet effet n'est pas vraiment une texture, mais elle s'en rapproche.

Elle permet d'utiliser les restes de toutes les « cannes », ici on utilisera les restes de « l'hidden magic » (voir page 42).

Photo 1
Il suffit de trancher vos restes de « cannes » et de les appliquer sur une plaque noire, puis de trancher cet empilement.

Photos 2/3/4

Vous répétez cette opération plusieurs fois afin d'obtenir une « canne » .

Photo 5
Elle permet de recouvrir des perles .

Photo 6
Vous pouvez aussi préparer une plaque afin de confectionner des perles lentilles ou un fond.

Important
Cette technique a été inventée par Alice Stroppel que je remercie vivement de m'avoir permis de l'utiliser.
Vous trouverez l'adresse de son blog à la page 131.

3. Le dégradé

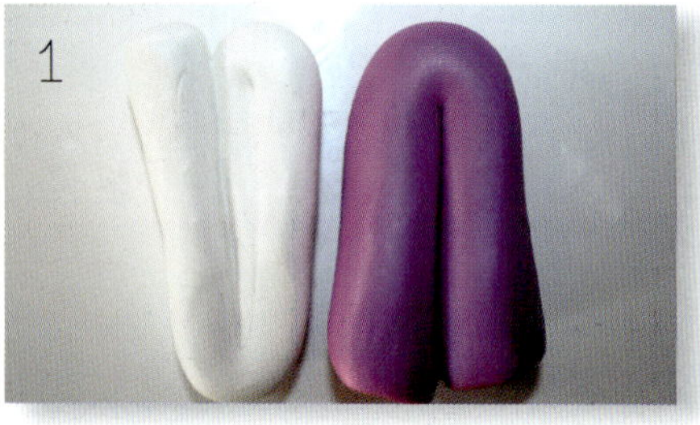

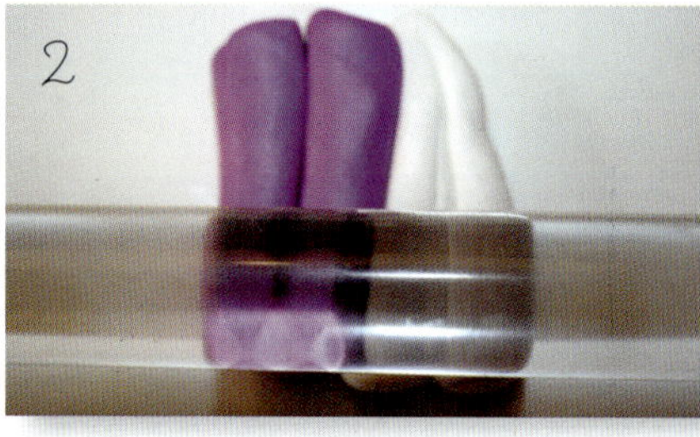

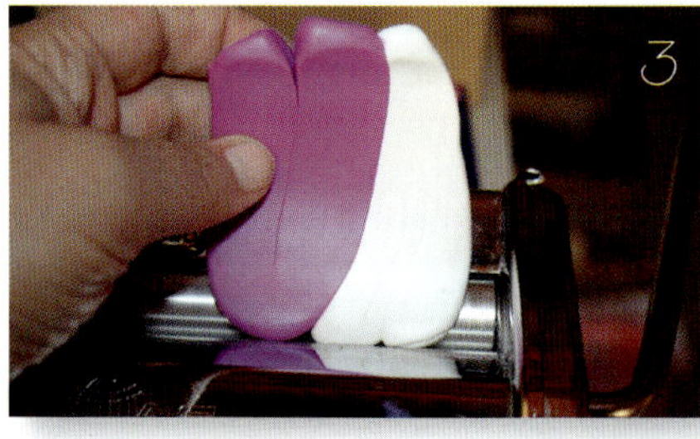

Le dégradé à deux couleurs

Photo 1

1. Formez deux colombins, pliez-les en deux et regroupez-les, tête-bêche.

Photo 2

2. On utilisera 2 barres de « Premo » violet et 4 barres de « Fimo » blanc .
3. Aplatissez-les au rouleau.

Photo 3

4. Passez dans la map cran n° 1.

Photo 4

5. Pliez en deux.

Photo 5

6. Passez dans la map du côté de la pliure.
7. Passez, pliez, repassez, toujours dans le même sens.

Photo 6

8. Au bout d'une vingtaine de passages, on obtient une plaque dégradée.

Quantité de pâte

Cette technique a été développée par Judith Skinner. Elle nécessite une map.

Le dégradé à trois couleurs

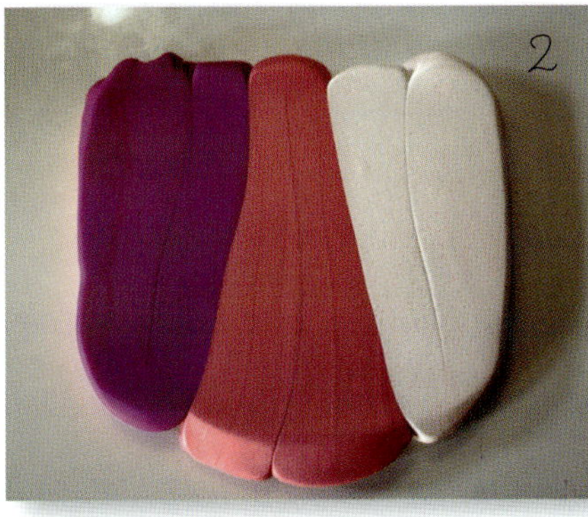

Ce projet va vous permettre de fabriquer des perles rondes de couleurs dégradées, elles seront du plus bel effet en collier au ras du cou :

Photo 1

1. Modelez les trois couleurs en colombin, pliez-les en deux et rapprochez-les.
2. Aplatissez légèrement au rouleau.
3. Passez dans la map au cran n° 1.

.Photo 2

4. Vous obtenez une plaque dégradée, découpez les bords irréguliers et conservez-les.

Photo 3

5. Roulez-la comme sur la photo.
6. Continuez jusqu'à obtenir un gros colombin.

Quantité de pâte

Pour ce dégradé, utilisez 2 barres de violet, rose et blanc nacré de chez « Premo ».

Le dégradé à trois couleurs

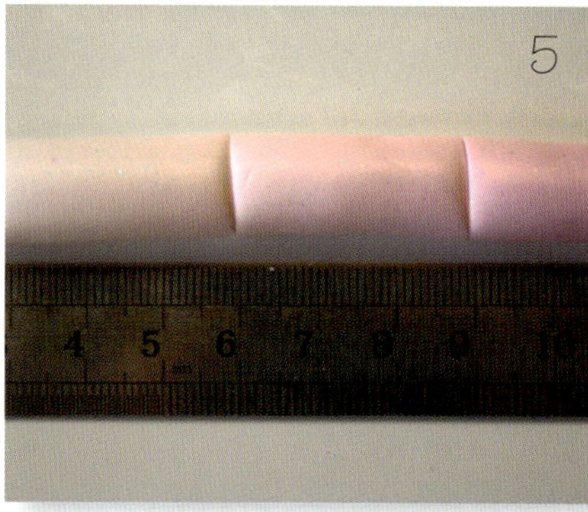

Photo 4

1. Réduisez-le en le roulant légèrement sur votre plan de travail.

Photo 5

2. Coupez les extrémités que vous conserverez et coupez des tranches de 3 centimètres.

Photo 6

3. Pincez les deux extrémités de chaque morceau et modelez-les en boule.

Photo 7

4. Vous obtenez des boules de la plus claire à la plus foncée.

Les rayures dégradées

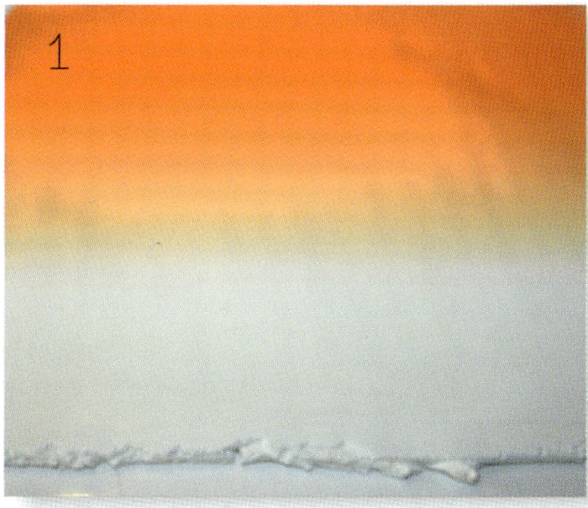

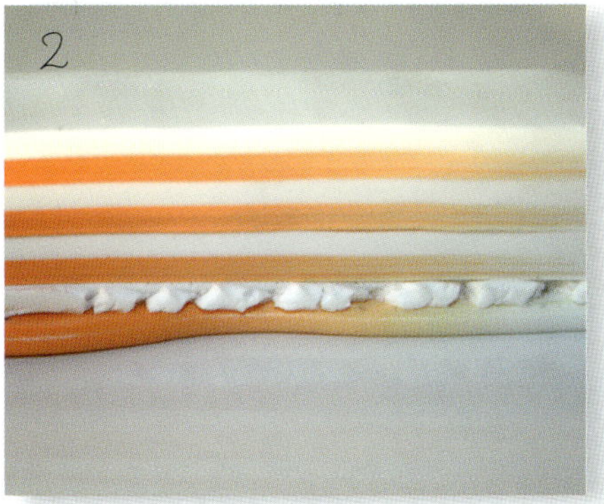

Photo 1

1. Préparez une couleur et du transparent (ici 2 barres de Orange « Premo » et l'équivalent de transparent).
2. Faites un dégradé.

Photo 2

3. Ajoutez une plaque de transparent.

Photo 3

4. Procédez comme pour les rayures de la page 16.

Photo 4

5. Passez dans la map n° 1.
6. Vous obtenez une longue bande.

Photo 5

7. Vous pouvez y découper à l'emporte-pièce des lentilles qui auront de légères différences d'intensité.

Astuce

Vous pouvez faire ces rayures avec de la pâte blanche à la place de la transparente.

4. Les cannes

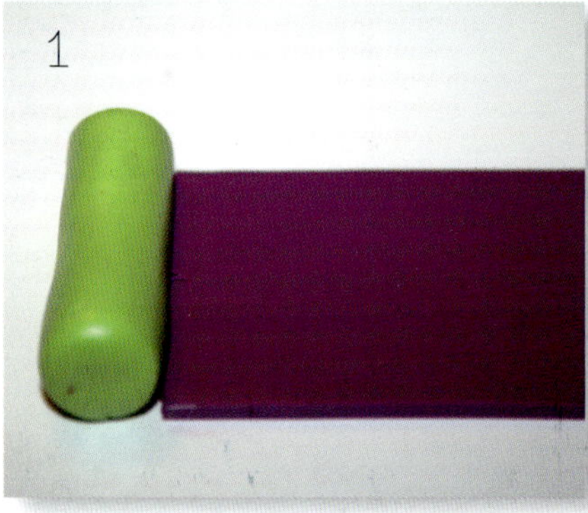

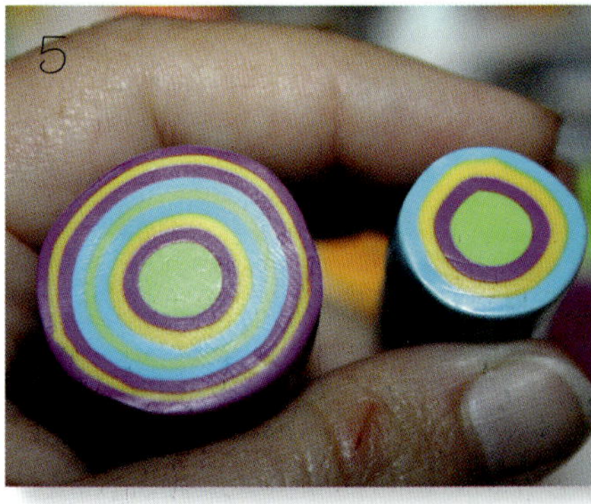

La canne cible

Photo 1

1. Modelez un colombin et passez une bande de couleur à la map n° 1.

Photo 2

2. Recouvrez le colombin de cette bande

3. Vous obtenez le début de votre canne.

Photo 3

3. Poursuivez avec les autres couleurs.

Photo 4

4. Vous pouvez conserver une partie et continuez à recouvrir l'autre partie.

Photo 5

5. Vous obtenez deux cannes cibles, elles seront utilisées pour réaliser un sautoir « hippie » (voir page 77).

Quantité de pâte

- 2 barres turquoise « Premo »
- 1 barre « Wasabi »
- 3 barres jaunes « Fimo »
- 3 barres violettes « Fimo ».

La canne spirale

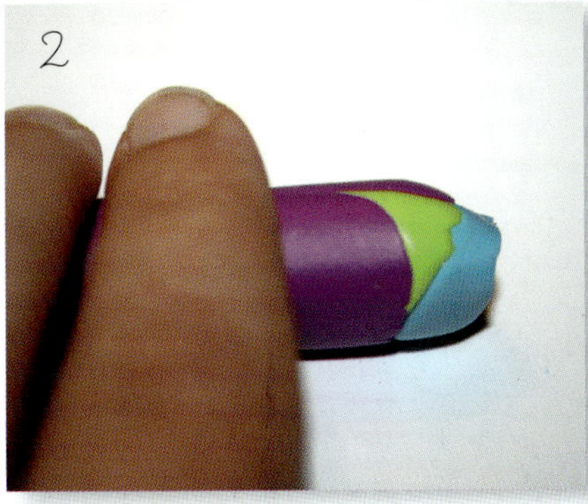

Photo 1

1. Avec les restes de la « canne cible » (page 48), collez plusieurs plaques et biseautez le bord.

Photo 2

2. Roulez et réduisez légèrement.

Photo 3

3. Vous obtenez une spirale.

La canne spirale transparente

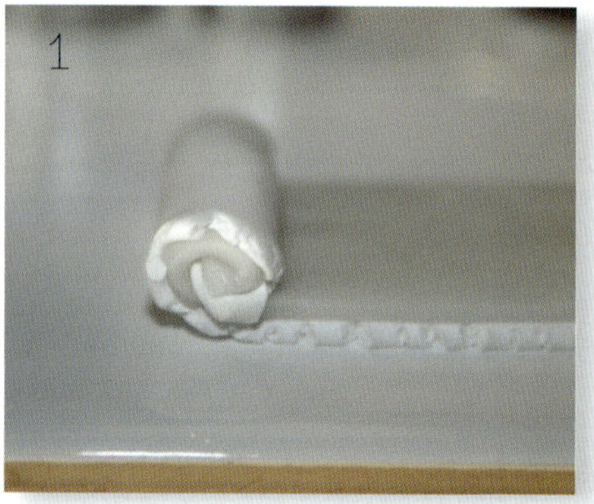

Photo 1

Vous pouvez aussi utiliser de la pâte blanche et de la pâte transparente.

1. Roulez et réduisez légèrement.

Photo 2

2. Vous obtenez une « canne spirale » utilisée dans plusieurs perles de cet ouvrage et notamment pour le bracelet de la page 80.

Photo 3

3. Avec les chutes, vous pouvez modeler une « canne dentelle », en coupant plusieurs fois les restes et en les amalgamant.
4. Vous trouverez un exemple de réalisation avec ces deux cannes à la page 120.

Les cannes complexes

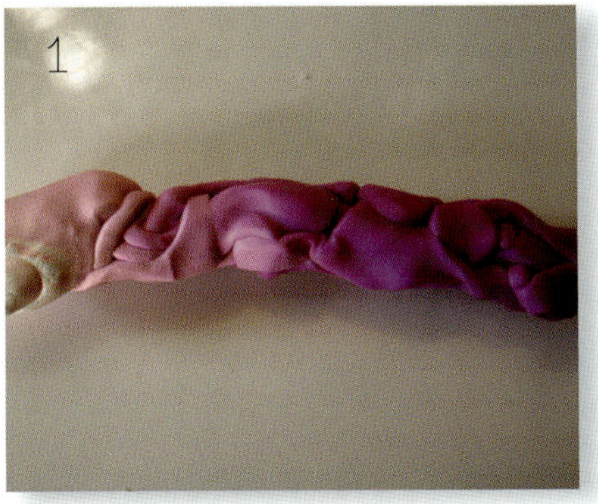

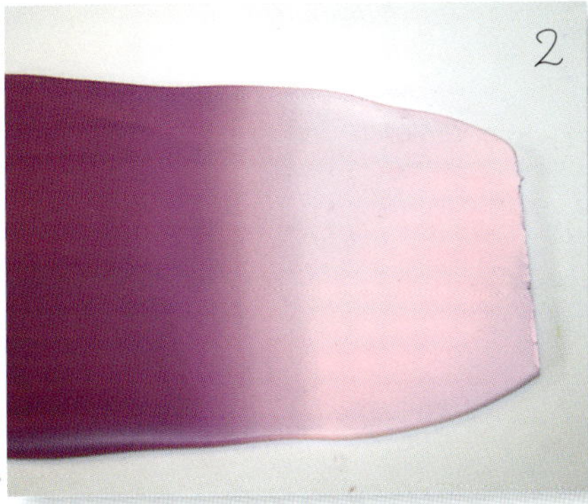

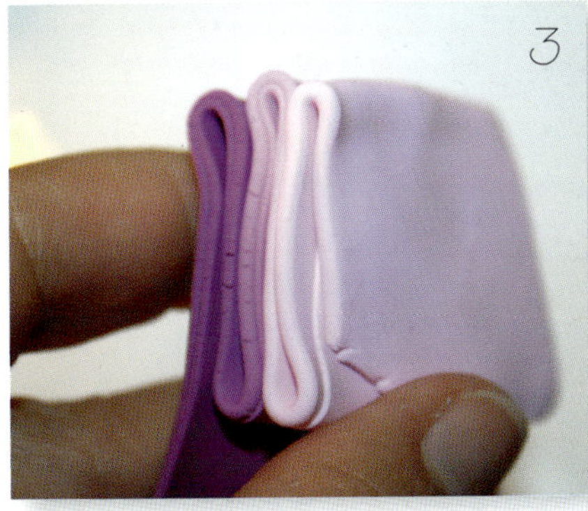

Les fleurs

Photo 1

1. Amalgamez les restes du dégradé à deux couleurs et repassez dans la map afin d'obtenir un dégradé.

Photo 2

2. Pliez-le en deux couleurs contre couleur et repassez-le à la map.

Photo 3

3. Pliez-le en accordéon en commençant par la partie la plus claire.
4. Réduisez légèrement en forme de colombin.

Photo 4

5. Tranchez en deux.
6. Puis tranchez à nouveau de chaque côté en oblique.

Photo 5

7. Préparez une fine bande de pâte noire.
8. Insérez de fines bandes de pâte noire entre les morceaux.
9. Recouvrez d'une fine bande de pâte noire.

> **Savoir-faire**
> Les cannes sont classées de la plus facile à la plus difficile.

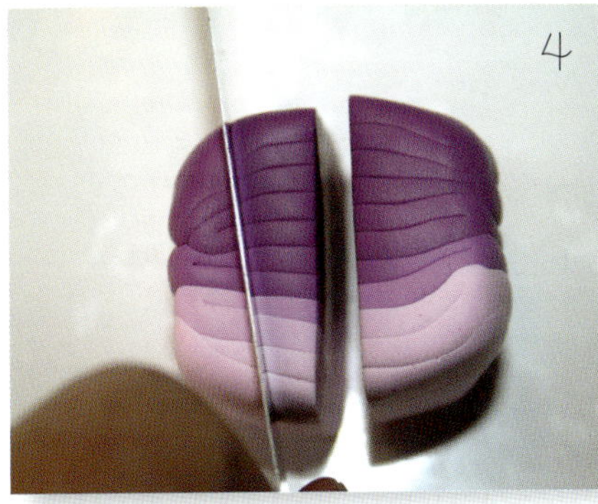

Une canne fleur violette

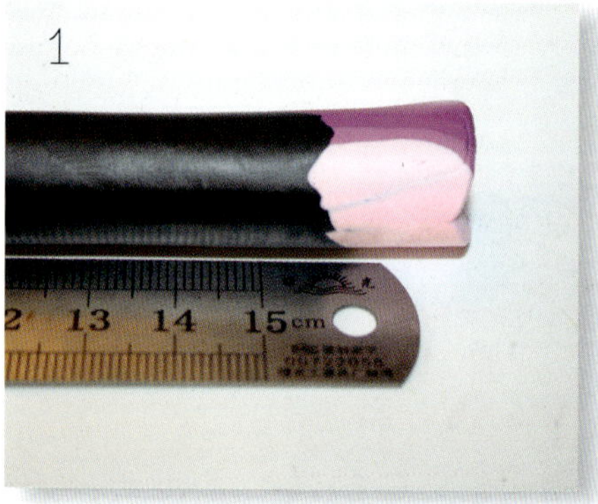

Photo 1

1. Réduisez-le jusqu'à 15 centimètres Attention : ne comptez les bords qui seront supprimés.

Photo 2

2. Coupez cinq morceaux de 3 centimètres et vous obtenez cinq pétales.

Photo 3

3. Amalgamez les bouts et passez-les à la map (n° 1).
4. Roulez la bande obtenue en spirale et vous obtenez après légère réduction le centre de votre fleur.

Photo 4

5. Pincez l'extrémité de chaque pétale pour leur donner une belle forme
6. Mettez en place chaque pétale autour du centre.

Photo 5

7. Après avoir coupé quelques tranches de cette fleur, recouvrez chaque espace entre les pétales d'un quart de colombin rose et le tout d'une bande rose.

Savoir-faire

Reportez-vous au cahier technique, page 125, pour découvrir les gestes permettant la réduction de votre canne.

Des cannes fleurs assorties

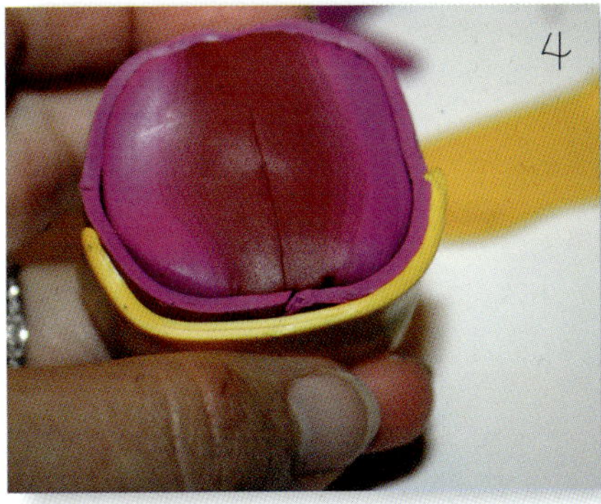

Pour le centre de la fleur :

Photo 1

1. Préparez une petite « canne cible » (voir page 48).
2. Réduisez-la .

Photo 2

3. Vous devez obtenir au moins 21 centimètres pour le centre de la fleur et il faut en garder un peu.
4. Positionnez sept morceaux de 3 centimètres en forme de fleur.

Photo 3

4. Faites un dégradé avec deux barres de deux couleurs proches.
5. Pliez-le en accordéon.

Photo 4

Vous obtenez un pavé de deux couleurs :

1. Tranchez en deux parties.
2. Rassemblez les deux parties foncées.
3. Recouvrez d'une bande violette.
4. Recouvrez le bas du colombin d'une bande de jaune.

Quantité de pâte

- 3 barres de jaune « Premo »
- 4 barres de Violet « Fimo Classic »
- 6 barres de « Bordeaux Fimo Classic ».

Des cannes fleurs assorties

Photo 5

1. Tranchez en deux et insérez une bande de jaune.
2. Insérez au-dessus un morceau du fin colombin de départ.

Photo 6

3. Recouvrez le tout d'une bande de bordeaux.

Photo 7

4. Réduisez à 15 centimètres et coupez cinq morceaux de 3 centimètres.
5. Vous obtenez cinq pétales.
6. Pincez-les afin de leur donner une belle forme.
7. Réduisez le centre à la taille qui convient et placez les pétales autour.

Photo 8

8. Tranchez des quarts dans le colombin de départ.

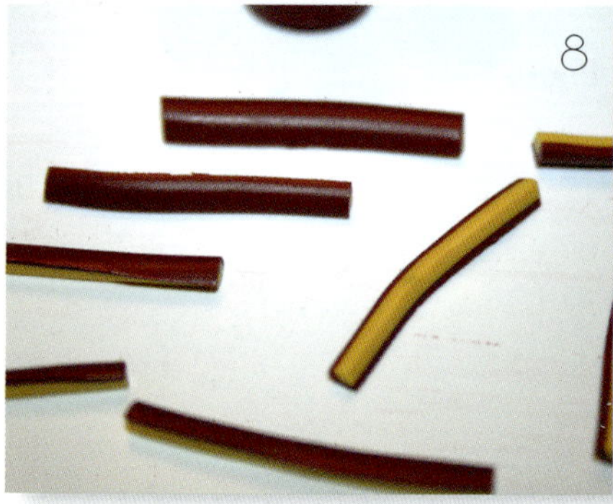

Des cannes fleurs assorties

Photo 9

1. Insérez-les entre chaque pétale.
2. Marquez des sillons au-dessus de chaque pétale avec un pic à brochette.

Photo 10

3. Insérez des colombins violets dedans.
   Entre chaque pétale, insérez des quarts de colombins violets.

Photo 11

4. Faites tout le tour de la fleur.

Photo 12

5. Recouvrez d'une bande violette.

Des cannes fleurs assorties

Photo 13

1. Réduisez.

Une autre petite fleur...

Photo 14

2. Préparez un dégradé à deux couleurs, roulez-le du plus clair au plus foncé. Insérez une fine bande de bordeaux.

Photo 15

3. Recouvrez d'une fine bande de jaune, réduisez à 15 centimètres.

Photo 16

4. Coupez cinq morceaux de 3 centimètres et installez les pétales autour d'un centre (utilisez le même que pour la canne précédente).

Pour aller plus loin

Ces deux cannes seront utilisées pour créer des barrettes.

Une canne fleur « romantique »

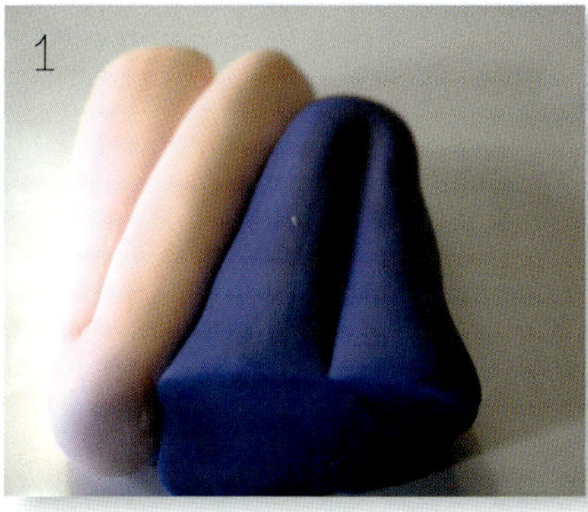

Utilisez trois couleurs. Vous aurez besoin aussi de pâte transparente :

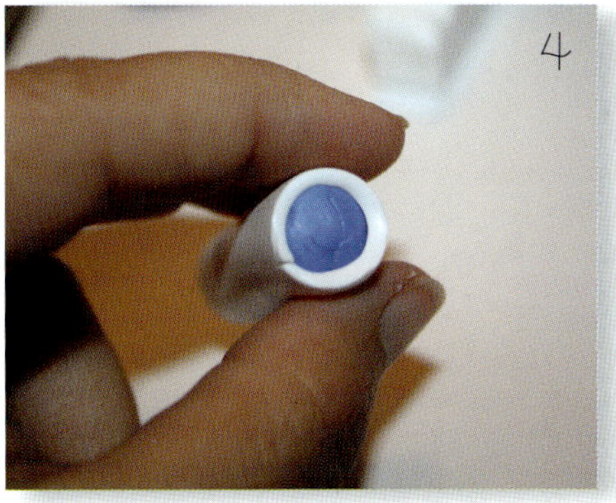

Photo 1

1. Faites un dégradé de la rose vers les bleus.

Photo 2

2. Pliez-le et passez-le dans la map n° 5.
3. Vous obtenez un long ruban que vous pliez en accordéon.
4. Réduisez-le légèrement et donnez-lui une forme circulaire.

Photo 3

4. Placez une bande blanche en bas et entourez d'une bande rose tout autour.

Photo 4

5. Entourez un petit boudin bleu d'une fine plaque blanche, réduisez.

Quantité de pâte

- 5 barres de rose nacré « Fimo »
- 2 barres de bleu « Premo »
- 2 barres de blanc « Fimo » et environ un demi-pain de transparente.

Une canne fleur « romantique »

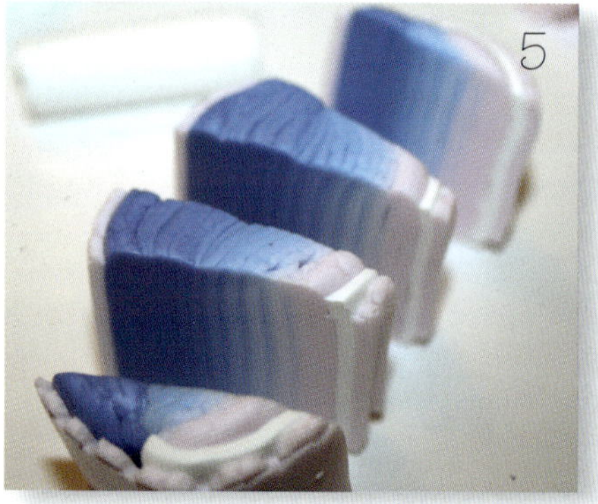

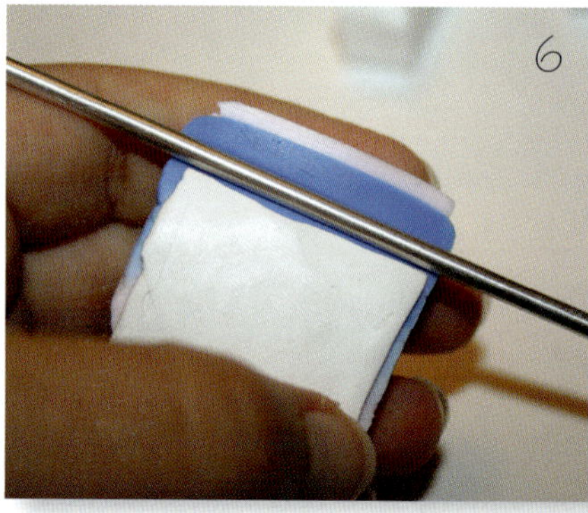

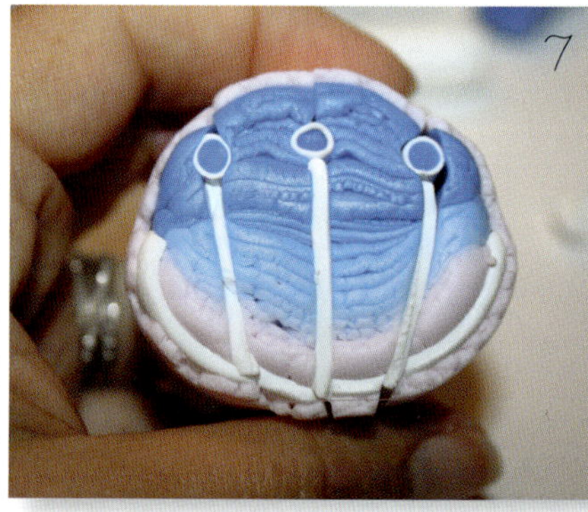

Photo 5

1. Coupez le pétale en deux puis encore en deux sur les côtés.
2. Insérez un morceau de plaque blanche entre chaque morceau.

Photo 6

3. Marquez un sillon au-dessus et insérez-y un petit boudin bleu entouré de blanc.

Photo 7

4. Vous obtenez le pétale.

Photo 8

5. Mélangez les restes afin d'obtenir une couleur homogène.
6. Recouvrez le pétale avec une plaque de cette couleur.
7. Réduisez à 18 centimètres.

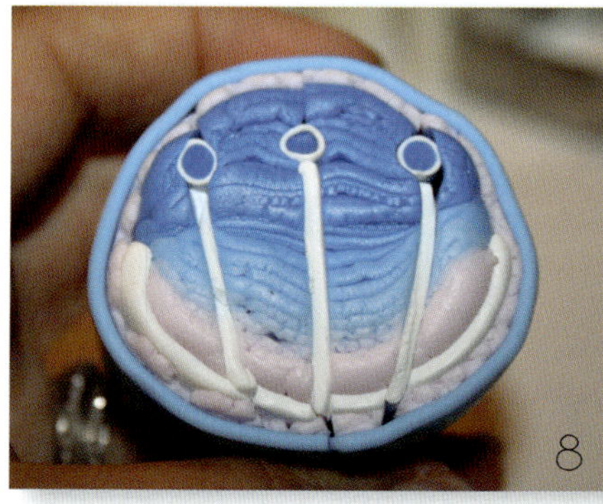

Une canne fleur « romantique »

Photo 9

1. Coupez six morceaux de 3 centimètres et donnez-leur une forme de pétale.
2. Rejoignez-les par groupe de trois et insérez au centre un boudin bleu entouré de blanc que vous aurez réservé.
3. Comprimez légèrement les pétales afin qu'ils adhèrent bien au centre.

Photo 10

4. Avec de la pâte transparente, préparez de petits quarts de colombins afin de combler les creux entre chaque pétale.
5. Comblez tous les creux tout autour et placez à nouveau de la transparente entre chaque pétale.
6. Terminez en recouvrant d'une bande de transparente.

Photo 11

7. Vous obtenez une « canne fleur » très romantique.

Pour aller plus loin

Vous retrouverez cette canne utilisée dans différents bijoux de cet ouvrage.

Une canne coquelicot

Photo 1

1. Roulez les 3 couleurs en colombins, pliez-les en deux, placez-les en quinconce.
2. Réalisez un dégradé que vous pliez en accordéon, réservez un peu de bordeaux.

Photo 2

3. Coupez-le en deux dans la longueur et assemblez les deux côtés clairs.
4. Réduisez légèrement en donnant une forme cylindrique. Recouvrez de la bande bordeaux.

Photo 3

5. Recouvrez à nouveau d'une bande noire.
6. Réduisez à 15 centimètres.

Photo 4

7. Découpez en quatre morceaux votre canne :
   - Un petit (2 centimètres).
   - Deux moyens (4 centimètres) et un grand (5 centimètres).

Photo 5

8. Aplatissez-les de manière à ce qu'ils mesurent tous 2 centimètres de haut. Réservez.

Quantité de pâte

- 3 barres de 3 nuances de rouge
- 2 barres de noire
- Environ 1 pain de transparente.

Une canne coquelicot

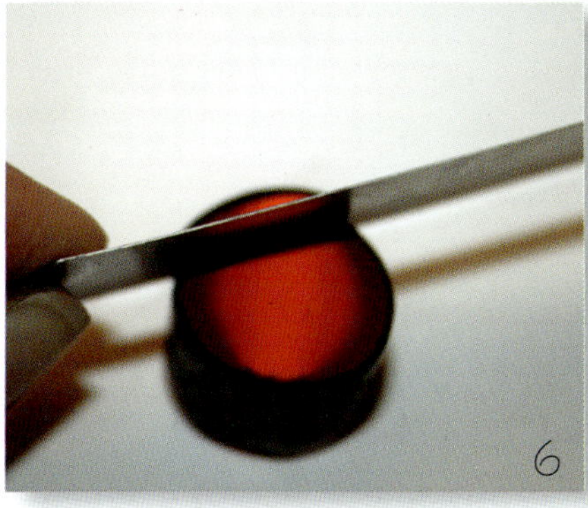

Le centre du coquelicot :

Photo 6

1. Utilisez les bouts du précédent colombin dont vous enlèverez le noir à la lame.

Photo 7

2. Mélangez grossièrement les restes de rouges, formez un petit boudin et recouvrez d'une fine bande noire.
3. Réduisez très finement.

Photo 8

4. Coupez en morceaux de 2 centimètres et formez un petit losange.

Photo 9

5. Modelez un très fin colombin noir.
6. Recouvrez le losange avec de petits morceaux de ce colombin.
7. Insérez-y de tous petits colombins de rouge entouré de noir.
8. Réduisez légèrement et réservez

Une canne coquelicot

Photo 10

1. Modelez le premier pétale, le plus gros.
2. Avec une carte (type carte bleue), marquez une incision en haut, au milieu.
3. Insérez-y le cœur et marquez deux autres incisions sur les côtés.

Photo 11

4. Avec un moyen morceau, modelez le second pétale, faites un sillon sur le haut avec le manche d'un pinceau.

Photo 12

5. Assemblez-le sur le centre et avec la carte creusez un sillon de chaque côté.

Photo 13

6. Donnez une forme allongée au petit pétale.

Photo 14

7. Assemblez-le sur le côté en lui donnant une forme de boomerang.

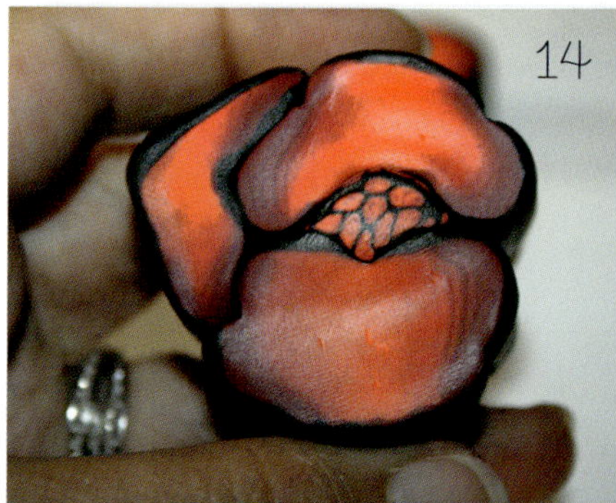

Une canne coquelicot

Photo 15

1. Modelez le dernier pétale (un moyen morceau).

Photo 16

2. Donnez-lui la forme des bords et creusez des sillons avec la carte.

Photo 17

3. Modelez un quart de colombin noir et assemblez-le en bas de la fleur.
4. Préparez des quarts de colombin, de pâte transparente.
5. Comblez les creux avec ces quarts de colombins.

Photo 18

6. Vous pouvez aussi utiliser des bandes de pâte transparente passée à la map pour obtenir un rond, vous obtenez une canne de la taille de la main.

Photo 19

7. Réduisez en prenant soin de retourner la canne pour que le motif soit équilibré.
8. Vous obtenez un coquelicot stylisé...

Une canne orchidée

Photo 1

1. Préparez un dégradé avec une barre de violet et une barre de blanc, pliez-le en accordéon, coupez en deux et appliquez les deux morceaux colorés côté à côté.

Photo 2

2. Préparez un petit boudin de blanc, marquez un sillon au milieu et insérez-y le petit dégradé précédent.

Photo 3

3. Préparez un autre dégradé avec du bordeaux et du blanc (une barre de chaque couleur).
4. Pliez-le en accordéon, coupez-le en deux.
5. Insérez une fine bande de bordeaux comme sur la photo.

Photo 4

6. Coupez le sommet comme sur la photo.

Quantité de pâte

- 5 barres de « Fimo Classic » Bordeaux et Violet
- 2 barres et demi de Blanc « Premo »
- Environ un pain de transparente.

Une canne orchidée

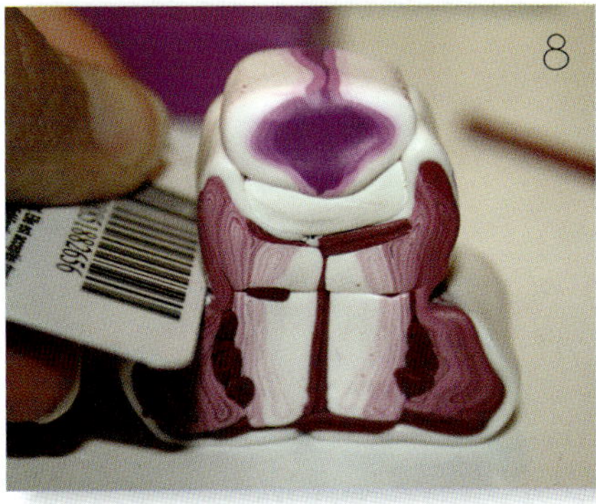

Photo 5

1. Insérez deux petits boudins.

Photo 6

2. Coupez les côtés comme sur la photo et insérez plusieurs petits boudins de bordeaux.

Photo 7

3. Recouvrez le tout d'une fine bande blanche.

Photo 8

4. Modelez la canne obtenue en forme de papillon.
5. Insérez le cœur déjà fait et marquez des sillons profonds comme sur la photo avec une carte (type CB).

Une canne orchidée

Photo 9

1. Préparez maintenant avec le reste des couleurs deux dégradés circulaires enroulés du plus foncé au plus clair, un violet et un bordeaux.

Photo 10

2. Coupez-les en quatre.
3. Aplatissez chaque morceau en vous efforçant qu'ils soient de la même taille et de la même épaisseur.

Photo 11

4. Réunissez-les en alternant les couleurs et en conservant la couleur foncée vers le bas.

Photo 12

5. Réduisez légèrement et coupez en deux.

Photo 13

6. Réunissez les deux morceaux comme sur la photo.
7. Entourez cette canne avec les restes du cœur mélangés.
8. Réduisez à 15 centimètres.
9. On obtient une canne qui permettra de modeler les pétales.

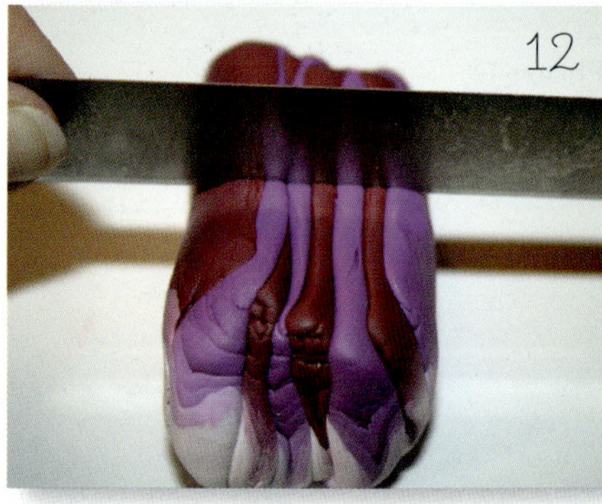

Une canne orchidée

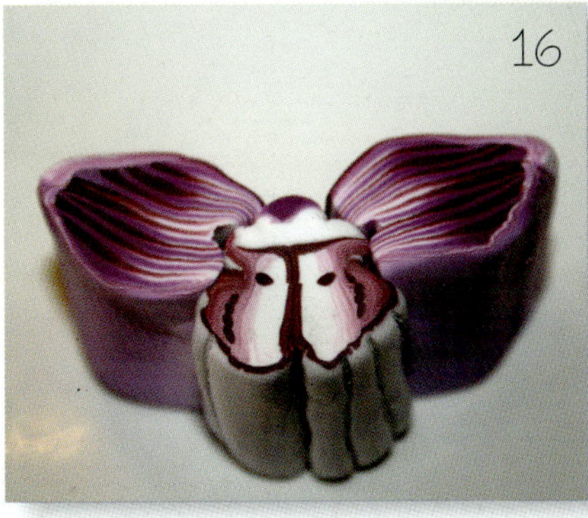

Photo 14

1. Coupez cinq morceaux : 2 grands, 1 moyen et 2 petits : 3,5 centimètres, 3 centimètres et 2,5 centimètres, aplatissez-les pour qu'ils fassent tous la même hauteur.

Photo 15

2. Réduisez le cœur, coupez-le à 2,5 centimètres de haut.
3. Coupez les deux petits pétales, comme sur la photo, après les avoir modelés à la forme voulue.

Photo 16

4. Posez-les de part et d'autre du cœur, la hauteur est de 2,5 centimètres, c'est un minimum pour pouvoir réduire sans problème.

Photo 17

5. Coupez le moyen pétale comme sur la photo.

Photo 18

6. Appliquez-le au sommet du cœur.

Une canne orchidée

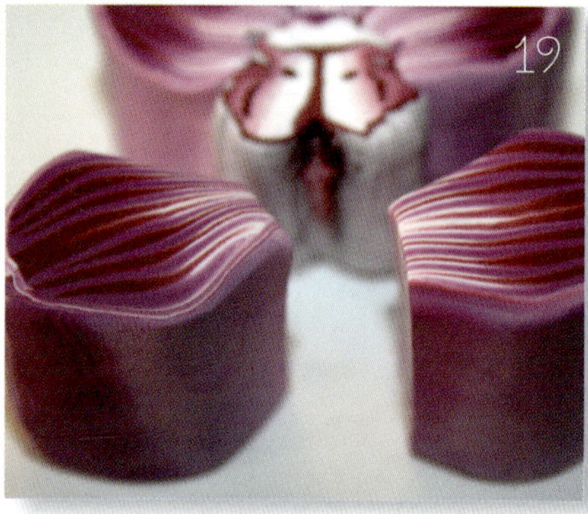

Photo 19

1. Modelez les gros pétales et coupez le bout.

Photo 20

2. Assemblez le tout.

Photo 21

3. Préparez des boudins de pâte transparente que vous découperez en quarts.
4. Insérez ces quarts côtés pointus dans les cavités de la fleur.
5. Terminez par une fine bande de transparente.

Photo 22

6. Procédez à la réduction
7. Vous trouverez des exemples de réalisation, mais avec cette canne vous pouvez laisser libre court à votre imagination....

Une canne fleur transparente

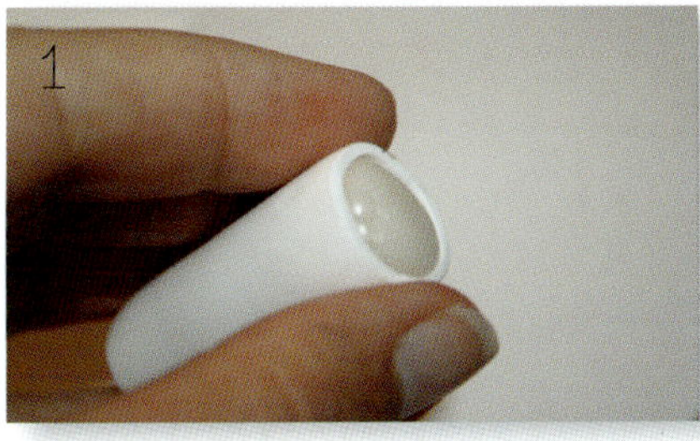

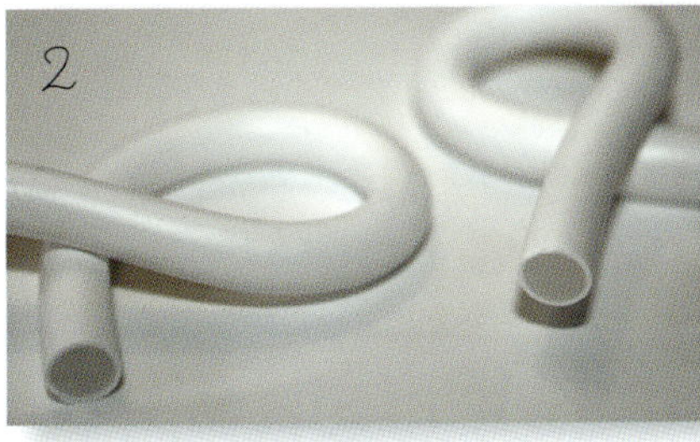

Photo 1

1. Prélevez un peu de transparent pour faire un boudin que vous recouvrez d'une fine bande de blanc.

Photo 2

2. Réduisez
3. Avec le reste du transparent, formez un petit cylindre de 2,5 centimètres de haut.
4. Il doit faire environ 3 centimètres de diamètre.

Photo 3

5. Coupez-le en deux.

Photo 4

6. Puis encore deux fois sur les côtés en biais.

Photo 5

7. Insérez une fine bande de blanc entre chaque morceau.
8. Au-dessus de la plaque, insérez un fin colombin de transparent entouré de blanc.

Photo 6

9. Recouvrez d'une fine bande de blanc.
10. Réduisez à 15 centimètres .

À noter

Cette canne n'est pas très difficile à exécuter, elle servira dans bon nombre de réalisations.

Quantité de pâte

Pour cette canne :

- Une barre de blanc « Premo »
- Deux barres de transparent « Premo » sont nécessaires.

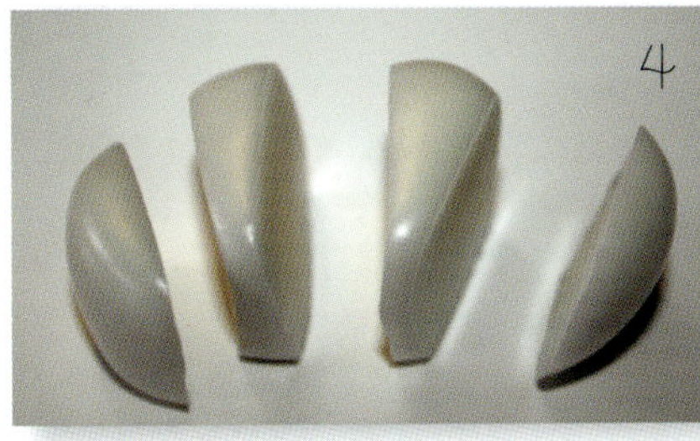

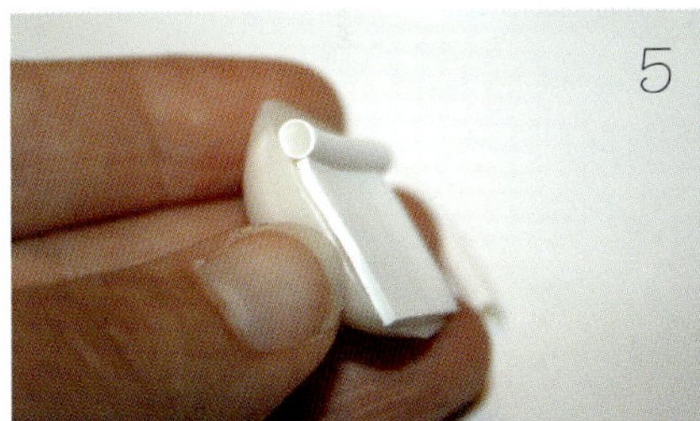

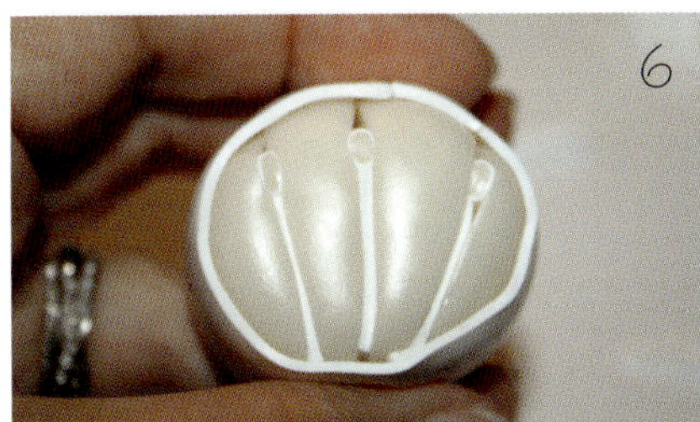

Une canne transparente

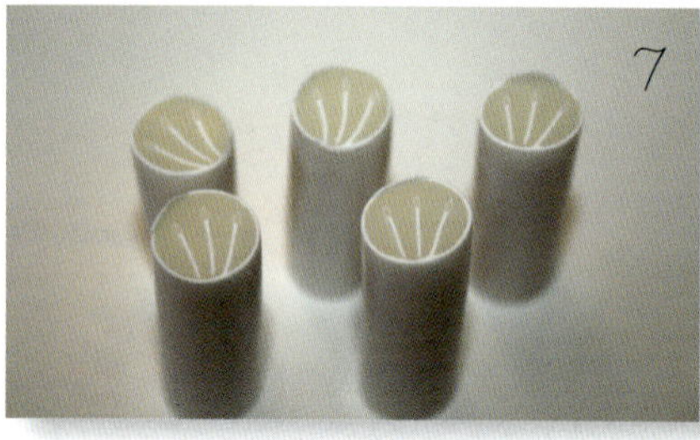

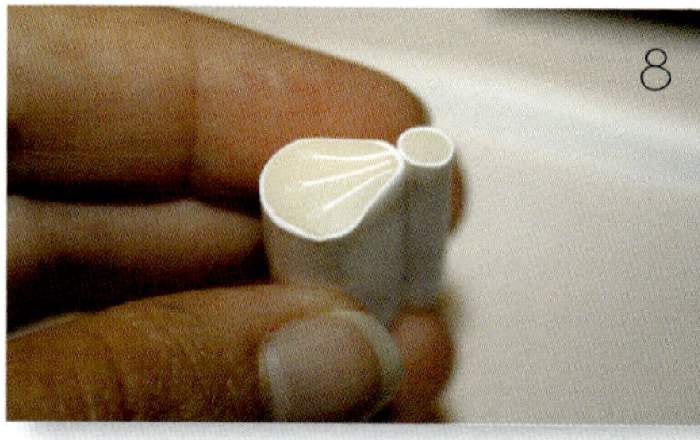

Photo 7

1. Coupez cinq morceaux de 3 centimètres.
2. Donnez une forme de pétale à chaque morceau.

Photo 8

3. Installez les pétales autour d'un colombin transparent entouré de blanc.

Photo 9

4. Vous pouvez arrêter à cette étape et trancher cette fleur telle quelle, ou vous pouvez poursuivre, pour cela vous aurez besoin de deux barres de transparente supplémentaires.

Photo 10

5. Avec un pic à brochette, marquez des sillons au-dessus de chaque pistil de chaque pétale.

Photo 11

6. Préparez des quarts de petits colombins de la hauteur de la « canne »
7. Insérez-les entre chaque pétale.
8. Terminez en appliquant une fine bande de transparent tout autour.

Photo 12

9. Réduisez

Des rayures récup'

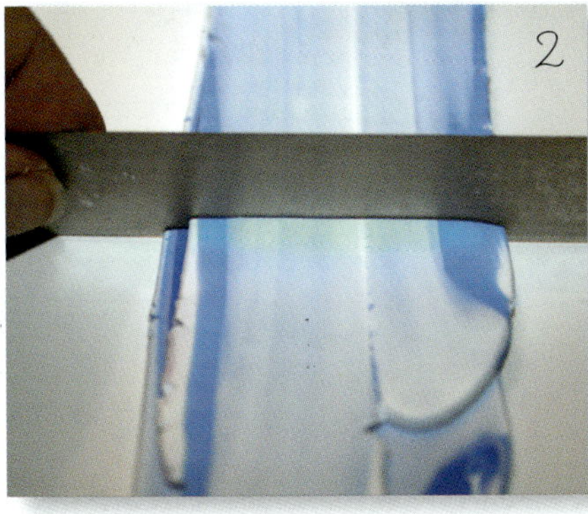

Avec les restes de la « canne fleur romantique » (voir page 57) :

Photo 1

1. Passez les bouts de canne à la map n° 1.

Photo 2

2. Pliez en deux et coupez.

Photo 3

3. Empilez les deux morceaux, recommencez plusieurs fois.

Photo 4

4. Passez à la map n° 1 pour finir.

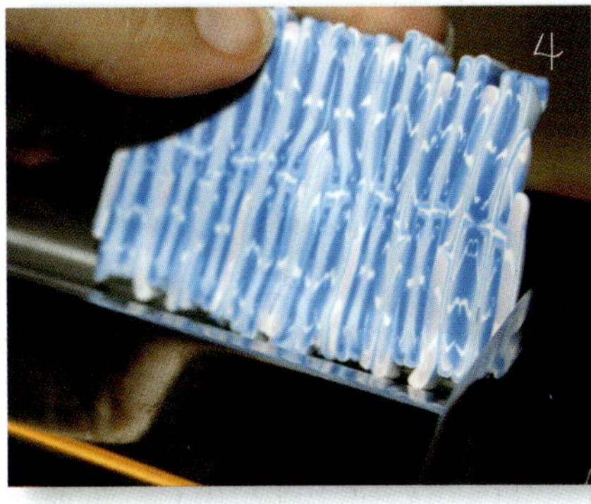

Bonus

Cette méthode vous permet de récupérer les restes et ainsi d'assortir des perles à vos cannes, les couleurs seront les mêmes.

Des rayures récup'

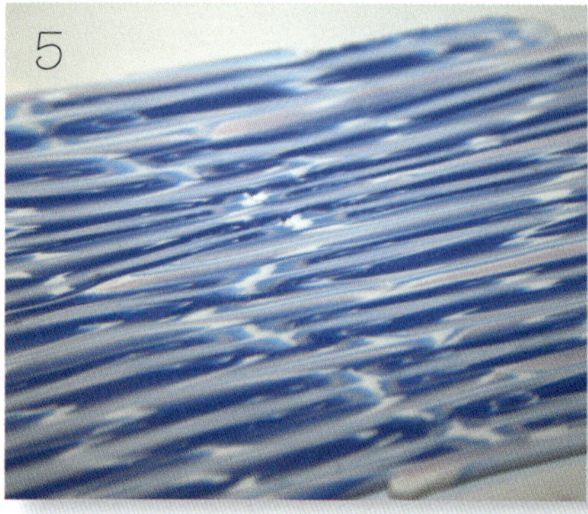

Photo 5
1. Vous obtenez une plaque rayée.

Photo 6
2. Une autre couleur avec les restes de la canne orchidée des pages 64 à 68.

Photo 7
3. Un autre résultat avec les restes de la canne coquelicot page 60.

Photo 8
4. Recouvrez une perle avec une bande de ces plaques comme les perles à rayures de la page 16.

Photo 9
5. Vous obtenez des perles à rayures très fines.

Un visage simple

Photo 1

1. Préparez un gros colombin avec sept barres de « Fimo Classic Chair ».
2. Il doit faire 3 centimètres de haut.

Photo 2

3. Tranchez-le à la hauteur des futurs yeux.

Photo 3

4. Préparez une fine bande de pâte noire (n°3 à la map).
5. Avec un manche de pinceau, marquez un sillon à l'endroit du futur œil.

Photo 4

6. Insérez-y une bande noire, appuyez avec le manche du pinceau pour qu'elle épouse la forme incurvée.

Photo 5

7. Insérez un fin boudin chair.

Quantité de pâte

- Un pain de chair clair
- 1 barre de noir « Fimo »
- 1 barre de « Blush »
- 1 barre de Rouge irisé « Premo ».

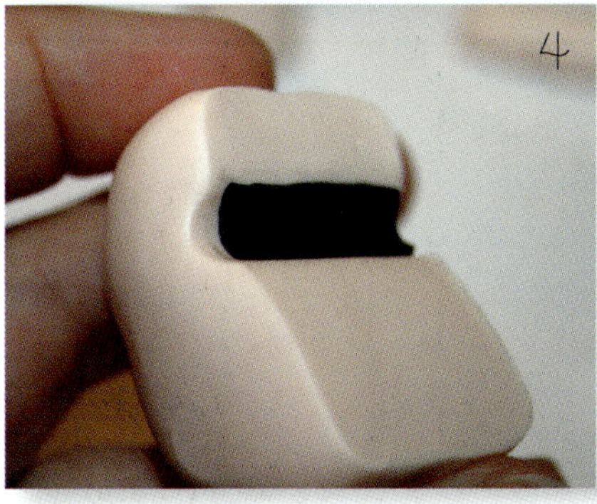

Un visage simple

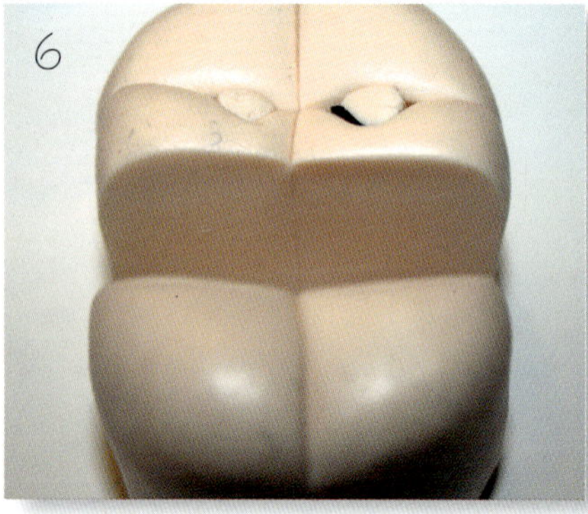

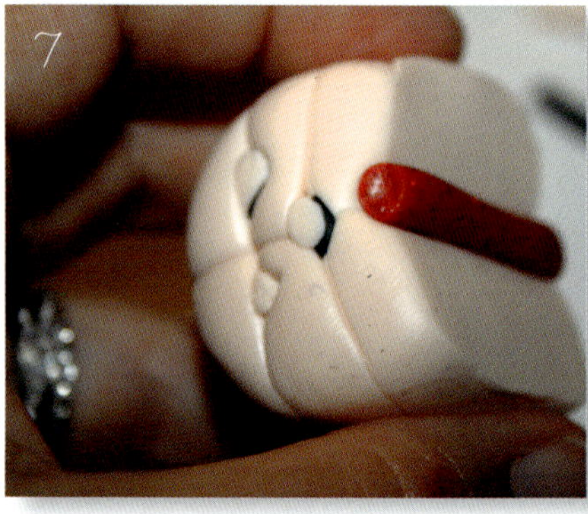

Photo 6

1. Procédez de la même façon pour l'autre œil.
2. Tranchez à l'horizontale et procédez pour le nez comme pour les yeux.

Photo 7

3. Tranchez plus bas, procédez de la même façon pour la bouche.
4. Ce visage, très simple est sans rose aux joues.
5. Pour la rose aux joues, préparez un dégradé à deux couleurs avec une barre de Blush et une barre de chair.

Photo 8

6. Étirez-le, au cran n° 5, de la map.
7. Roulez-le du plus foncé au plus clair.
8. Tranchez le bout et réservez cette petite canne.

Variante

Le visage avec le rose aux joues change de regard.

Un visage simple

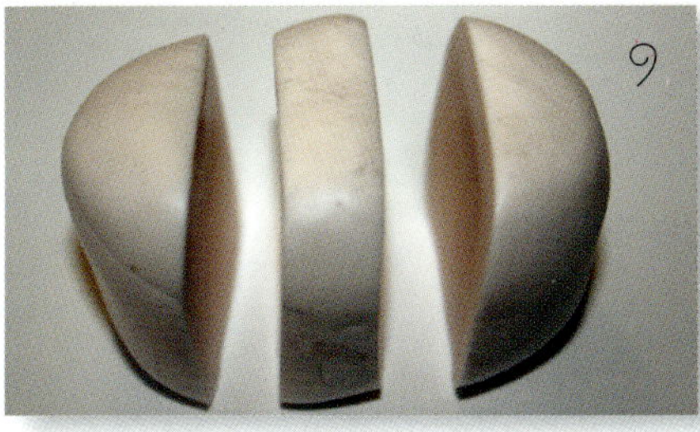

Photo 9

1. Tranchez en trois parties un gros colombin identique au premier.

Photo 10

2. Insérez une fine bande noire au niveau des yeux.

Photo 11

3. Insérez une fine bande pour le nez.

Photo 12

4. Refermez, tranchez les côtés, imprimez un sillon à l'endroit des joues avec le manche d'un pinceau.

Photo 13

5. Insérez la « canne joue » réduite puis la bouche.

Photo 14

6. Simplement, vous avez réalisé deux petits visages que vous pourrez retrouver dans quelques exemples au fil de l'ouvrage (page 82 ou page 95).

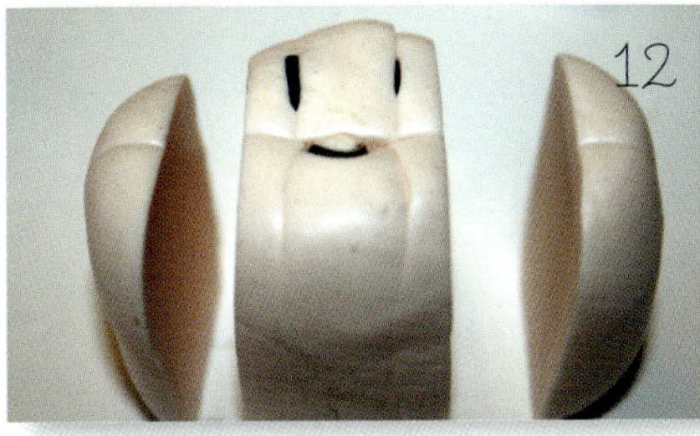

Une canne « art déco »

Photo 1

1. Découpez des ronds avec un emporte-pièce de la taille de votre seringue dans les plaques de chaque couleur.

Photo 2

2. Empilez les ronds en respectant un algorithme.
3. Faites un empilement correspondant à la longueur de la seringue.
4. Choisissez l'embout carré.

Photo 3

5. Actionnez la manivelle, la dernière couleur posée correspondra à la couleur du tour.

Photo 4

6. Empilez plusieurs morceaux.

Photo 5

7. Formez un carré. Coupez-le en quatre.

Photo 6

8. Joignez les morceaux, vous obtenez une « canne Art déco » utilisée, notamment, pour le collier lentille à la manière de Klimt (voir page 95).

Quantité de pâte

- 2 barres de « Premo » de quatre couleurs différentes
- 3 barres de blanc et de noir.

II. Des perles et des bijoux

1. Vite belle :

Cette partie présente trois projets de bijoux faciles et relativement faciles à réaliser.

2. Un sautoir « hippie » :

Un sautoir très simple à réaliser et ne nécessitant pas beaucoup de matériel.

Matériel nécessaire

- 3 mètres de coton ciré
- Des perles pastilles confectionnées à partir de la « canne cible » et de la « canne spirale »
- Des perles magiques dans les mêmes tons que la canne.

1. Vite belle

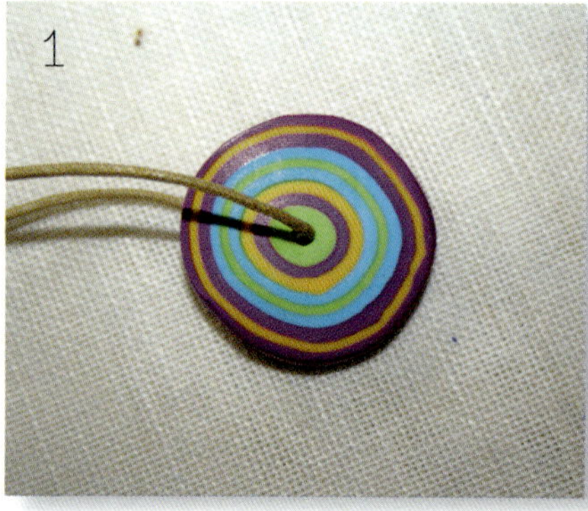

Photo 1

1. Percez les perles au milieu pour la « canne cible » et sur le côté pour « la canne spirale ».
2. Coupez la longueur de coton ciré en deux et enfilez dans le trou central.

Photo 2

3. Faites un nœud bien serré en prenant les deux fils.

Photo 3

4. Passez l'autre morceau du fil dans le même trou et fermez aussi avec un nœud.

Photo 4

5. Enfilez une plus petite perle dans un des fils en passant par-dessus la perle.

Photo 5

6. Avec l'autre fil, passez par-dessous la perle, dans le même trou.

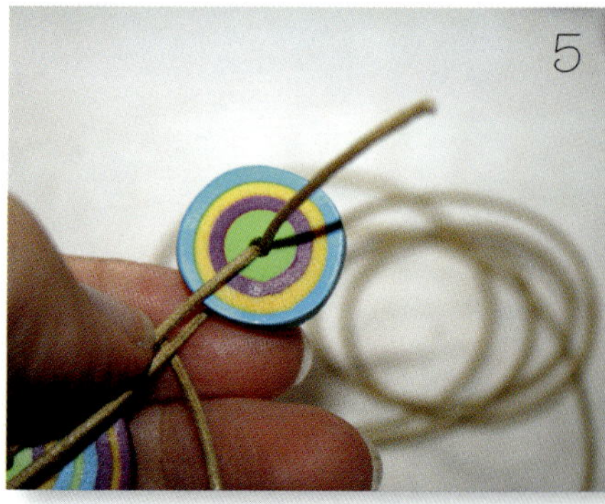

Un sautoir « hippie »

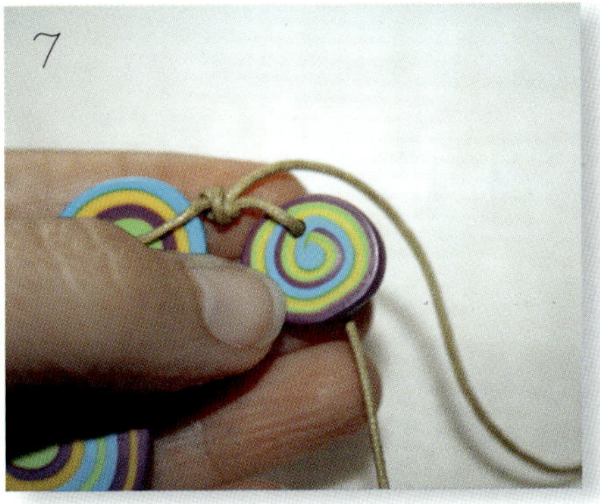

Photo 6
1. Terminez par un nœud.

Photo 7
2. Enfilez la perle spirale avec un premier fil en passant par-dessus.

Photo 8
3. Puis passez le deuxième fil par en dessous et terminez par un nœud.

Photo 9
4. Continuez ainsi jusqu'à épuisement des perles.

Photo 10
5. Nouez les fils ensemble pour fermer le collier.
6. Faites un nœud à chaque extrémité des fils.
7. Enfilez des perles magiques et fermez par un nœud.

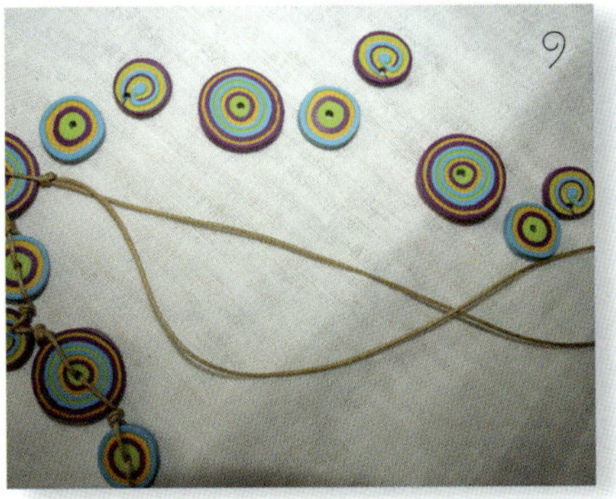

Un bracelet spiralé

Un bracelet arc-en-ciel très simple à réaliser.

Matériel nécessaire

- Des perles spiralées
- De l'élastique à bijoux
- Des perles de rocaille noire et des perles magiques.

Un bracelet spiralé

Photo 1

1. Modelez des perles avec les restes des couleurs de la « canne cible » (page 48), faites des boules très rondes.

Photo 2

2. Recouvrez-les de tranches de « canne spirale » transparente.

Photo 3

3. Faites cuire et percez après cuisson.

Photo 4

4. Enfilez les perles sur un élastique doublé.

Photo 5

5. Faites un double nœud pour terminer et cachez-le dans une perle.

Des barrettes colorées

Des barrettes vite faites et parfaites pour une coiffure tendance...

Matériel nécessaire

- Deux supports de barrette que vous trouverez chez « Maloufimo » (voir le carnet d'adresses page 131)
- De la colle « Super Glue ».

Des barrettes colorées

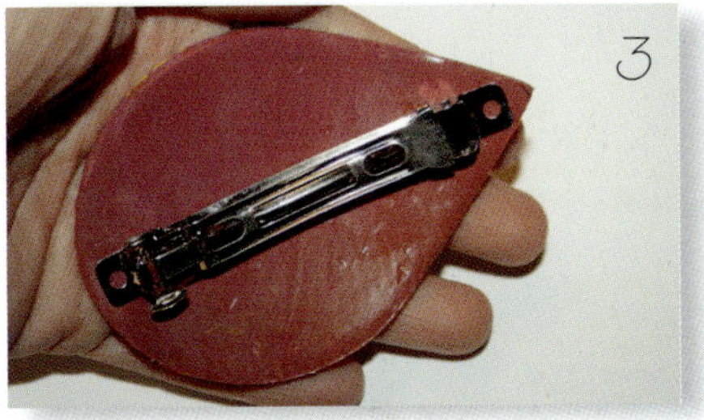

Photo 1

1. Préparez une plaque fleurie en appliquant de fines tranches de « canne » sur une plaque de pâte «beurk», il faut la recouvrir entièrement.

Photo 2

2. Appliquez une feuille de papier fleuriste et lissez avec le rouleau afin d'éliminer tout relief.
3. Choisissez une forme d'emporte-pièce qui vous convient.

Photo 3

4. Cuisez la barrette sur le support, elle en épousera ainsi la forme.

Photo 4

5. Après la cuisson, collez la barrette et le support.

Photo 5

6. Pour plus de solidité, insérez une petite plaque de pâte entre le support et la barrette.

Photo 6

7. Texturez au papier de verre pour bien faire adhérer et pour cacher les éventuelles traces.
8. Procédez à une seconde cuisson, vernissez, votre barrette est prête.

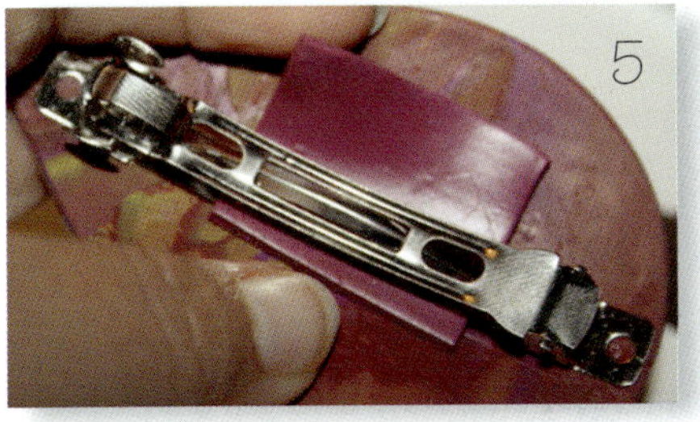

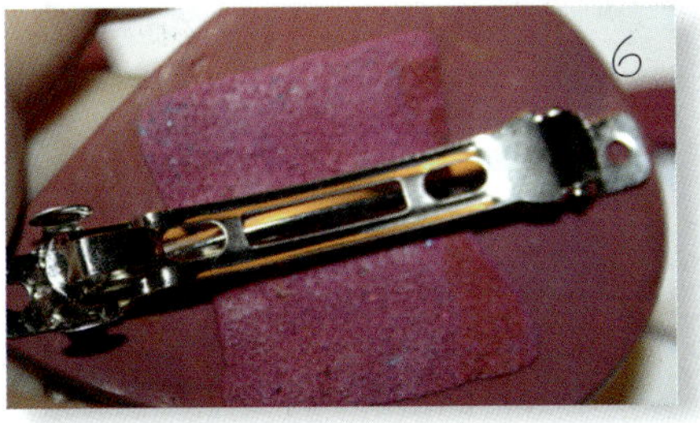

2. Au jardin

Les fleurs :

On peut les réaliser à partir d'un tissu ou d'un imprimé...

Une fleur du jardin

Photo 1

1. Choisissez un imprimé que vous aimez, ici on s'inspire de la petite fleur en haut à droite.

Photo 2

2. Faites un dégradé à trois couleurs.
3. Pliez-le en accordéon du plus clair au plus foncé.

Photo 3

4. Coupez-le en deux dans le sens de la hauteur.

Photo 4

5. Insérez une fine bande de violet, creusez un sillon au-dessus avec un pic à brochette.
6. Insérez alors un petit boudin violet.

.

Photo 5

7. Rejoignez les deux morceaux, entourez d'une fine bande de lilas, réservez.

Quantité de pâte

- 2 barres de violet foncé, lavande, lilas
- 1 barre de jaune, rose et blanc
- 1/2 pain de transparent.

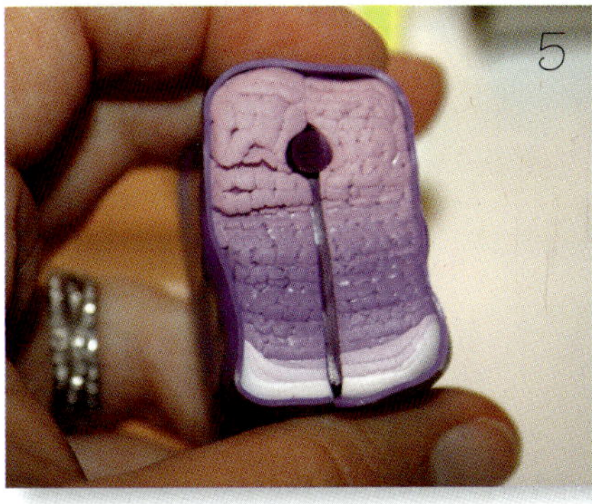

Une fleur du jardin

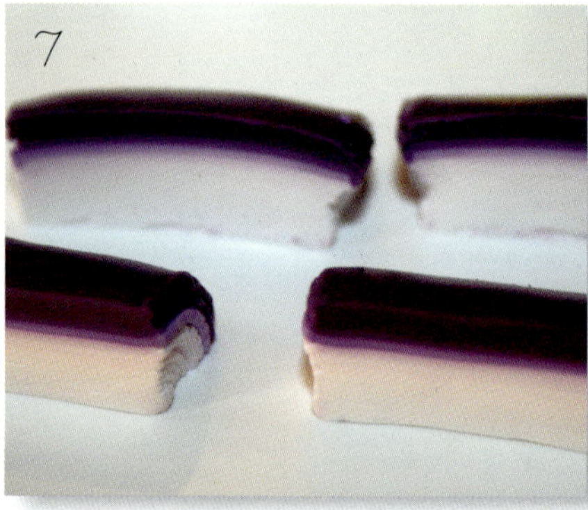

Photo 6

1. Faites un autre dégradé avec du rose et du violet que vous enroulez de façon circulaire, le clair au centre.

Photo 7

2. Tranchez en quatre morceaux, aplatissez-les comme sur la photo.

Photo 8

3. Rejoignez-les et réduisez légèrement avant de trancher en deux.

Photo 9

4. Rapprochez les deux morceaux et entourez d'une fine bande de lilas.

Photo 10

5. Vous obtenez deux petites cannes.

Une fleur du jardin

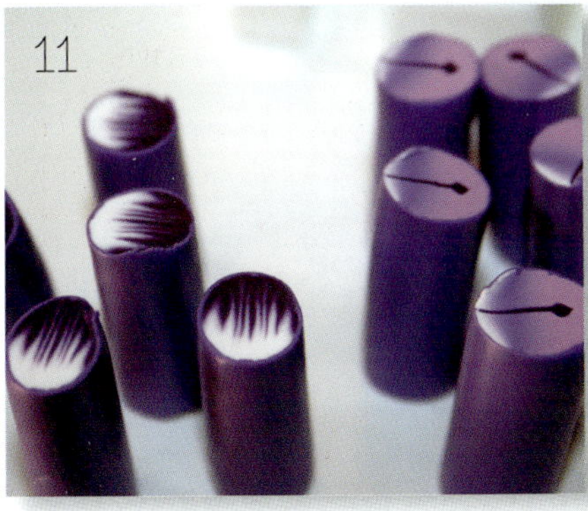

Photo 11

1. Réduisez à 15 centimètres chacune et coupez en cinq morceaux de 3 centimètres.
2. Donnez une forme de pétale à la canne aux étamines.
3. Aplatissez chaque morceau de l'autre canne.

Photo 12

4. Rejoignez les pétales en les intercalant.

Photo 13

5. Préparez un boudin de jaune entouré d'une fine bande de lilas, insérez-le au centre.

Photo 14

6. Appliquez des quarts de colombins transparents entre chaque pétale.

Photo 15

7. Terminez par une bande de transparent.
8. Réduisez.

Le radis

1. Les légumes :

Un peu de modelage...

Le radis

Photo 1

1. Réalisez un dégradé avec du rouge et du blanc.
2. Pliez-le en accordéon.
3. Recouvrez d'une fine bande noire .

Photo 2

4. Pincez l'extrémité pour allonger la pointe du radis.

Photo 3

5. Donnez une forme à la racine comme sur la photo.

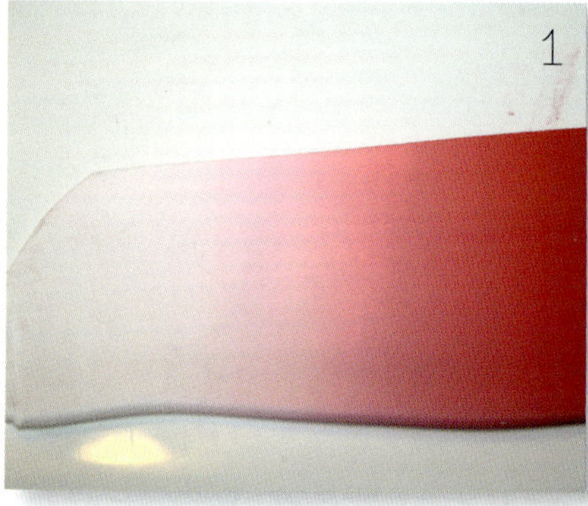

Quantité de pâte

- Préparez 2 barres de rouge et l'équivalent de blanc
- 2 barres de vert feuille « Fimo »
- 1 barre de « Wasabi Premo ».

Le radis

Photo 4

1. Réalisez un dégradé avec les deux verts que vous pliez en accordéon.

Photo 5

2. Réduisez légèrement et coupez en deux.

Photo 6

3. Rejoignez les deux côtés clairs, réduisez légèrement et donnez une forme arrondie.
4. Entourez d'une fine bande de noir.
5. Réduisez

Le radis

Photo 7

1. Servez-vous de votre radis pour mesurer la taille, à laquelle vous coupez les feuilles.
2. Coupez trois morceaux, assemblez-les comme sur la photo.

Photo 8

3. Assemblez sur le radis.

Photo 9

4. Pour trancher, procédez délicatement.

.

Les petits pois

Photo 1

1. Servez-vous des restes du feuillage (en enlevant le noir) pour faire une plaque de vert.
2. Avec un emporte-pièce « calisson », découpez une forme.

Photo 2

3. Modelez-la en forme de gousse en pinçant les extrémités.

Photo 3

4. Modelez de petites boules un peu différentes et insérez-les dans la gousse.

La carotte

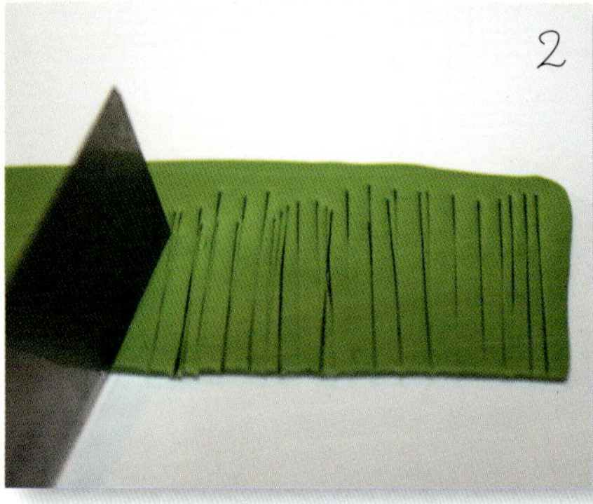

Photo 1

1. Avec un peu de la pâte orange, modelez un colombin en forme de carotte.

Photo 2

2. Dans une bande de pâte verte, marquez de petites franges à la lame.
3. Roulez cette bande sur elle-même.
4. Vous obtenez les fanes.

Photo 3

5. Faites un trou avec le pic à brochette au milieu de la carotte et insérez-y les fanes.
6. Avec la pointe d'un manche de pinceau, marquez de petits traits sur la carotte.
7. Prenez soin de la percer avant la cuisson.

La citrouille

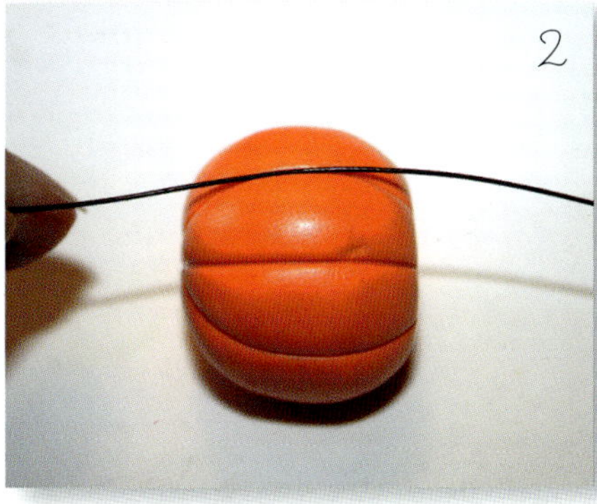

Photo 1

1. Modelez une boule orange.

Photo 2

2. Avec un morceau de fil, marquez des méridiens tout autour.

Photo 3

3. Modelez la tige et la feuille.

Des bijoux pour aller au marché

Deux exemples de réalisations avec les perles modelées précédemment :

Une petite broche breloque et des boucles d'oreilles radis.Ces deux bijoux sont très simples à monter. Quelques anneaux, deux ou trois petits coups de pince et vous êtes parés !

3. Art déco

Deux colliers lentilles d'inspiration « art déco » réalisées avec les perles de la page 23, un modeste hommage à Gustav Klimt, un célèbre peintre autrichien.

Matériel nécessaire

- Des tiges à clous
- Des anneaux de différentes tailles
- Du coton ciré
- Des embouts de cordon
- De la chaîne au mètre
- Quelques breloques et des fermoirs.

Collier Klimt

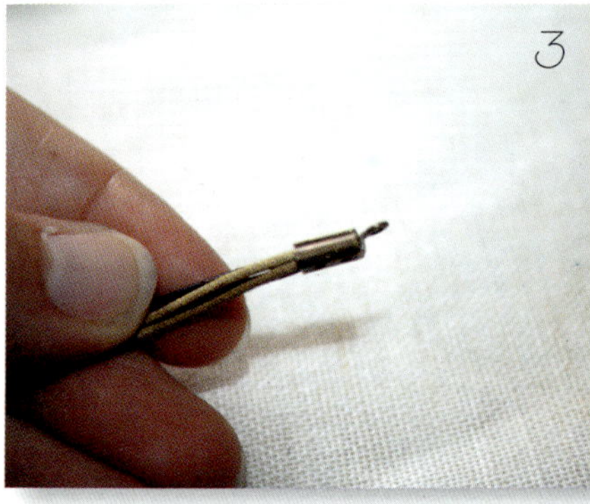

On aura pris soin de conserver des tranches de la « canne spirale » marron/doré et de les percer avant la cuisson...

Photo 1

1. Percez les lentilles à 10 h 10.
2. Insérez des tiges à boule (les apprêts sont de couleur bronze pour ce collier).
3. Coupez à environ 1,5 centimètres et faites une double boucle avec la pince à bouts ronds.

Photo 2

4. Les petites tranches serviront de breloques, on peut les installer avec de petits anneaux sur une chaînette entre deux lentilles.
5. Insérez un anneau dans une lentille puis l'autre bout dans une autre afin de les rejoindre.
6. Posez un anneau sur chaque lentille et reliez avec un plus petit anneau.

Photo 3

7. Utilisez du coton ciré naturel et noir que vous arrêterez avec un embout à serrer.

III. Les différents montages des perles

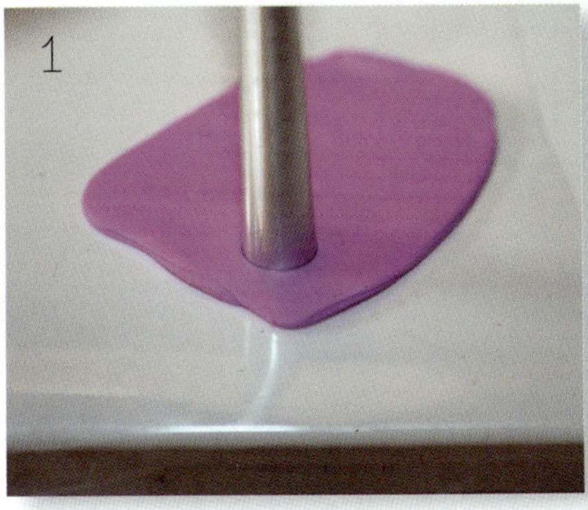

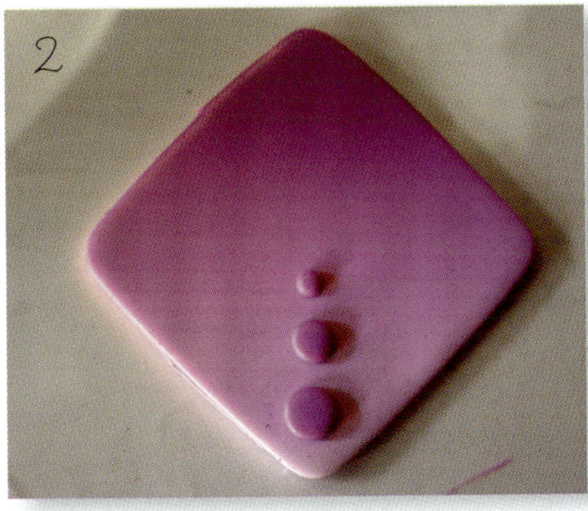

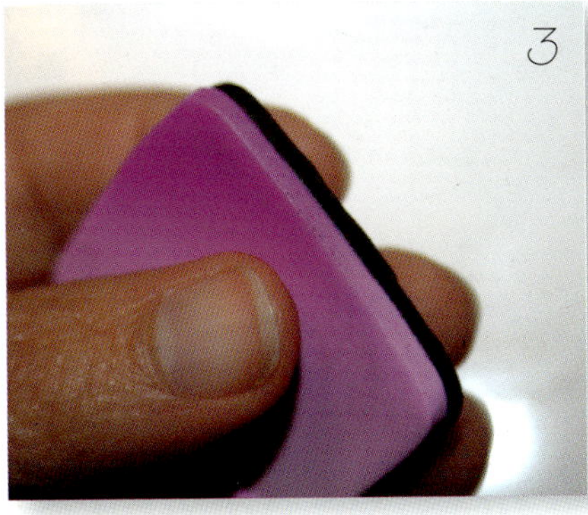

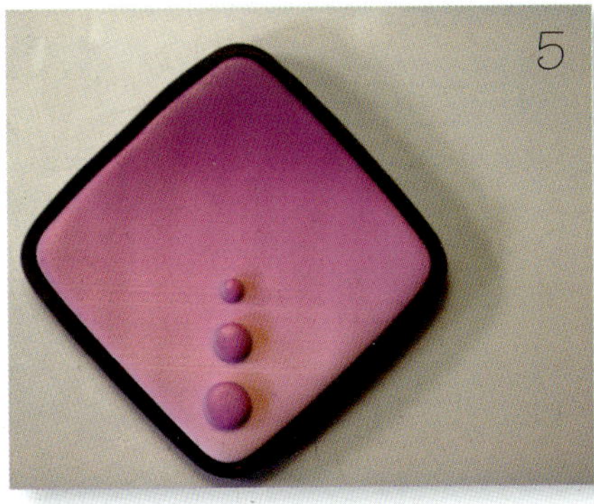

1. Des bijoux tout simples :

Photo 1

1. Avec des restes du dégradé à deux couleurs, faites une plaque très fine (n°3) et découpez-y de petits ronds.

Photo 2

2. Déposez-les sur un carré découpé dans la plaque dégradée.

Photo 3

3. Préparez un peu de pâte noire.
4. Faites-en une plaque carrée.
5. Collez les deux carrés.

Photo 4

6. Préparer un fine bande noire.
7. Fixez-la tout autour.

Photo 5

8. Percez après cuisson, montez grâce à un anneau passé dans une bélière, puis portez-le sur un fil de coton ciré noir par exemple.

Pour aller plus loin

De nombreux autres exemples de réalisation vous sont présentés page suivante.

1. Des bijoux tout simples

Un collier tout polymère

Photo 1

1. Enfilez les perles sur le fil de coton ciré.

Photo 2

2. Terminez par un double nœud.

Photo 3

3. Formez une boucle au bout du fil (mesurez votre tour de cou pour savoir à quelle distance faire la boucle).
4. Entourez la base de la boucle et nouez.

Photo 4

5. Faites un double nœud à l'autre extrémité.
6. Enfilez une perle et faites à nouveau un double nœud.

Photo 5

7. Vous avez réalisé un fermoir, la boucle s'enfile dans la perle et évite au collier de s'ouvrir.

Matériel nécessaire

- Les perles rayées
- Les perles bleues ainsi qu'avec un mètre de coton ciré noir.

Un collier tout polymère

Ces colliers vous offre toutes les possibilités.
Vous pouvez les agrémenter de divers apprêts que vous trouverez notamment sur le site « Maloufimo.com ».

Maintenant c'est à vous de laisser parler votre imagination !

Un collier fleuri

Ce collier est réalisé avec les perles de la page 28.

Matériel nécessaire

Pour ce collier vous aurez besoin :
- d'un fil câblé rouge
- de perles à écraser
- de rocaille 4 millimètres bleu gris
- de cinq coupelles coniques
- de perles magiques
- de deux anneaux et d'un fermoir mousqueton.

Un collier fleuri

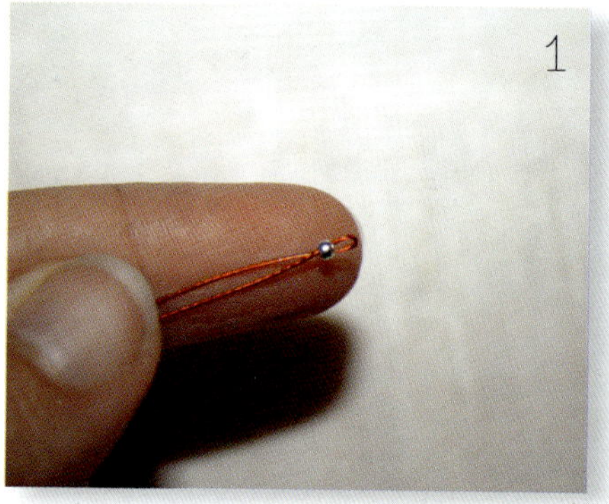

Photo 1

1. Prélevez 10 centimètres de fil câblé, pliez-le en deux et insérez une perle à écraser par la pliure.
2. Conservez la place de faire une petite boucle, écrasez la perle.

Photo 2

3. Par l'autre bout, enfilez une coupelle puis une fleur trompette.

Photo 3

4. Enfilez une perle à écraser sur un des fils, écrasez-la.

Un collier fleuri

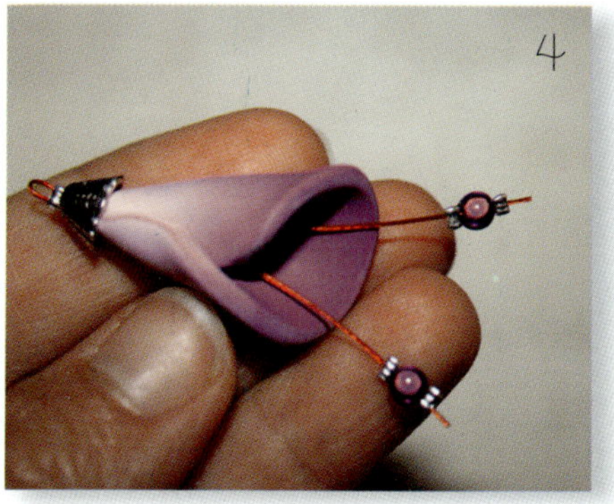

Photo 4

1. Enfilez alors une perle magique puis une perle à écraser
2. Vous obtenez une petite fleur et ses étamines.

Photo 5

3. Procédez de la même façon pour les cinq fleurs.
4. Enfilez sur un fil câblé, d'au moins 60 centimètres, la première fleur au milieu.
5. Puis enfilez une perle magique, trois rocailles, une magique, trois rocailles, une magique et une fleur.
6. Continuez ainsi jusqu'à la longueur qui vous convient.

Photo 6

7. Fermez le collier par deux anneaux, placez-y un fermoir.
8. Prenez soin de placer un point de colle dans chaque cône pour ne pas les perdre.

Des boucles d'oreilles

Les possibilités sont infinies pour créer des boucles d'oreilles.
Vous pouvez les monter sur des anneaux, des crochets, des clous ou sur des clips.

Vous trouverez dans les pages suivantes les explications de montage des deux premières paires de boucles d'oreilles.

Laissez parler votre créativité et vous ferez des merveilles !

Des boucles d'oreilles pastilles

Elles sont réalisées très simplement avec les pastilles vertes de la page 27.
Elles ne nécessitent pas beaucoup de matériel ni de temps :

Photo 1

1. Prévoyez une attache à boucles d'oreilles, quelques centimètres de chaîne, quelques anneaux.
2. Fixez les anneaux aux pastilles et à la chaîne en les disposant comme sur la photo 1.

Sur la page précédente, les boucles d'oreilles violettes sont montées selon le même principe.

1

Des petites poupées aux oreilles

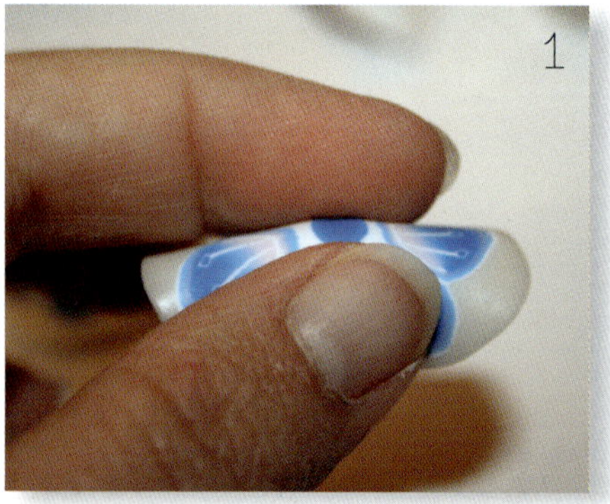

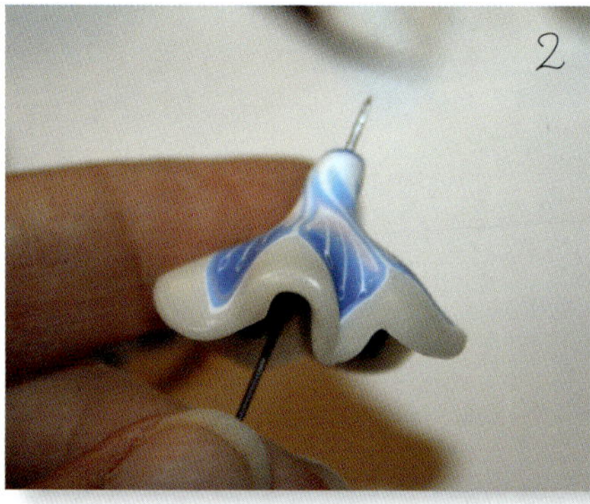

Photo 1

1. Pour modeler la jupe de la poupée, servez-vous d'une tranche de « canne fleur » (ici la « canne fleur » romantique) et donnez-lui en la forme.

Photo 2

2. Prenez soin de percer avant la cuisson avec une petite aiguille.

Photo 3

3. Faites cuire debout afin de limiter la déformation.

Matériel nécessaire

- 2 crochets à boucles d'oreilles
- 8 petites perles magiques et 2 grosses
- 2 tiges à anneaux
- du coton ciré et 2 anneaux

Des petites poupées aux oreilles

Photo 4

1. Pour modeler le visage, faites une petite boule de pâte colorée sur laquelle vous appliquez une tranche de « canne visage ».

Photo 5

2. Prenez soin de bien lisser les perles afin d'éliminer tout relief.
3. Percez-les avant la cuisson et faites cuire sur les aiguilles en les plantant dans un morceau de pâte usagée.

Photo 6

4. Pour les gambettes, enfilez un bout de fil de coton ciré dans l'anneau de la tige métallique et faites un nœud au milieu du fil.

Photo 7

5. Faites un nœud à chaque extrémité, enfilez une perle magique et refaites un nœud.

Photo 8

6. Enfilez la tige ainsi parée dans la jupe puis par-dessus la grosse perle magique et le visage.
7. Faites les bras comme les jambes, nouez-les en dessous de la tête.

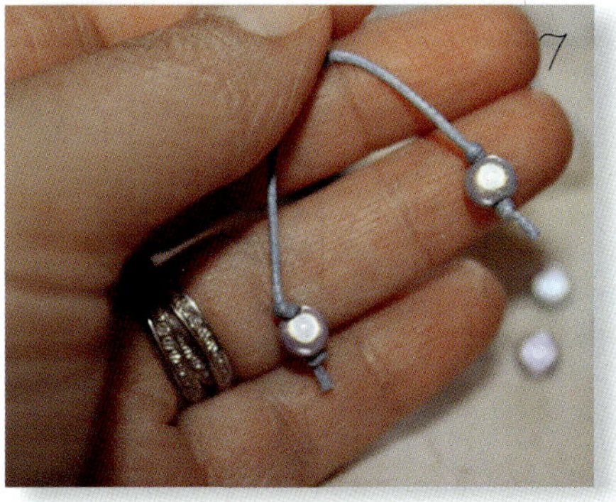

Des bagues

Les bagues peuvent être montées simplement sur un support. Elles peuvent avoir la forme d'un cabochon, pour cela on met un peu de pâte en dessous la tranche de canne et on modèle la forme souhaitée. Sur la page suivante, vous trouverez les explications pour coller une petite lentille sur un support à plateau.

Astuce

Pour faire cuire vos bagues :

- Pincez-les sur une pince à linge en bois, elles ne tomberont pas, ne se déformeront pas.
- Vous pouvez, après cuisson ainsi vernir très facilement, en tenant la pince à linge.

Une bague à plateau

Photo 1

1. Déposez de la colle « Super-Glue » sur le support de la bague.

Photo 2

2. Positionnez correctement le support sur la bague.

Photo 3

3. Préparez un petit rond (de la taille de la bague) de pâte et coupez-le en deux.
4. Positionnez-le de part et d'autre de la monture et lissez.

Photo 4

5. Texturez au papier de verre afin d'éliminer les traces de doigts et pour bien faire adhérer la pâte au support.

Photo 5

6. Procédez à une seconde cuisson et cuisez la bague à l'envers, dans le plat à escargots, elle ne bougera pas.

Des bracelets

On peut monter des bracelets grâce à des breloques, des tranches de « canne » simplement percées ou en assemblant des lentilles. Il existe des bracelets tout faits sur lesquels vous n'avez plus qu'à installer vos breloques, ils sont très pratiques.

Astuce

Il existe des fermoirs aimantés, ils sont très pratiques pour les bracelets car ils permettent de les mettre tout seul.

2. Des montages différents pour les mêmes perles

Avec des lentilles

Montage simple des lentilles :

Photo 1

1. Prenez soin de percer vos lentilles à 10 h 10. De cette façon, elles ne tourneront pas sur le cou.

Photo 2

2. Ne percez pas trop près du bord, vous risqueriez de les casser.
3. Enfilez un anneau (minimum 8 millimètres de diamètre) dans chaque trou et reliez les lentilles entre elles avec un anneau plus petit (5 millimètres).

Photos 3/4

Vous pouvez aussi installer des breloques, des rubans, d'autres perles entre chaque lentille.

Astuce

Poncez bien la base de vos lentilles afin qu'elles ne vous blessent pas le cou.

Les lentilles recto-verso

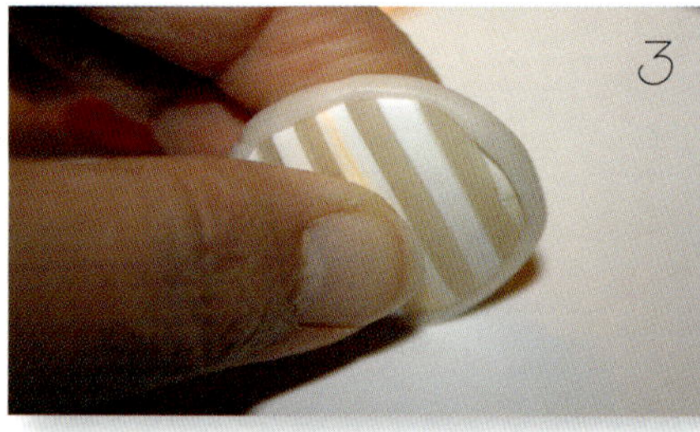

On les utilisera plutôt pour des colliers longs :

Photo 1

1. Servez-vous des lentilles faites avec les rayures dégradées.

Photo 2

2. Modelez une petite boule de transparente et posez-la dans une lentille.

Photo 3

3. Recouvrez d'une autre lentille et appuyez fortement pour faire adhérer.
4. Modeler un fin colombin de transparente et posé le autour des lentilles comme pour faire un joint.

Photo 4

5. Découpez le surplus au scalpel après avoir roulé la perle sur votre plan de travail pour bien faire adhérer.

Photo 5

6. Le joint doit être parfaitement lisse et invisible.

Photo 6

7. Vous obtenez des lentilles recto verso que vous faites à nouveau cuire dans le plat à escargot, dans les creux cette fois.

Un sautoir recto-verso

Ce sautoir a l'avantage de pouvoir se porter des deux côtés, il sera changeant.

Photo 1

Pour le réaliser, vous aurez besoin de tiges métalliques à boucle, de chaîne argenté, d'anneaux de montage et de gros anneaux.

Photo 2

1. Percez les lentilles de part en part et enfoncez-y une tige métallique à boucle.

Photo 3

2. Fixez une lentille et un gros anneau avec un petit anneau de montage, alternez les petites et les grandes lentilles.
3. Terminez le collier en fixant un morceau de chaîne argenté.

Avec des boules

On peut aussi obtenir des effets différents selon les montages.

Ici, les deux colliers ont été réalisés avec des perles dégradées et agrémentées de perles magiques.

À savoir

Les perles magiques, qui portent bien leur nom, permettent d'agrémenter bon nombre de réalisations. Elles changent avec la lumière, ce qui leur donne leur côté magique. Elles sont disponibles chez Perles & CO.

Un collier magique

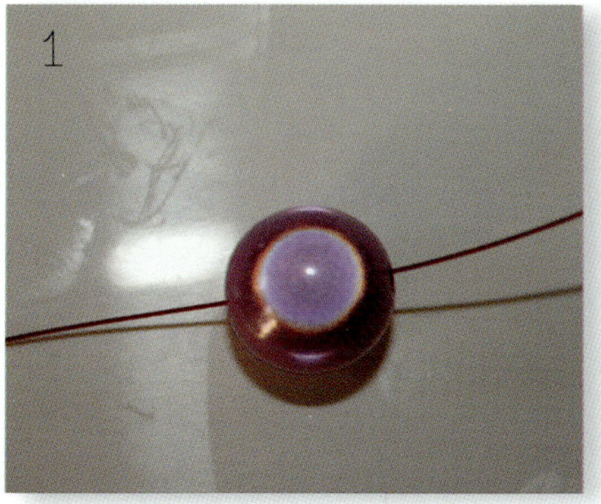

Sur votre plan de travail :

Photo 1

1. Placez les perles dans l'ordre qu'elles auront sur le collier.
2. Commencez par la perle du milieu.

Photo 2

3. Enfilez ensuite les perles de chaque côté.

Photo 3

4. Terminez le collier par de petites perles magiques
5. Pour fermer le collier, utilisez des perles à écraser
6. Reportez-vous au cahier technique de la page 127 pour utiliser les perles à écraser.

Photo 4

7. Terminez par un fermoir.

Généralement on monte le mousqueton à droite et l'anneau à gauche (pour une droitière).

Matériel nécessaire

- Du fil câblé rouge
- Des perles magiques
- Des perles à écraser
- Deux anneaux et un fermoir mousqueton.

3. Un peu de tout

Photo 1

On peut monter les boules sur des tiges métalliques et les fixer avec des anneaux entre elles.

Photo 2

On peut aussi fixer des perles fleurs assorties à des breloques.

Une orchidée sur fil mémoire

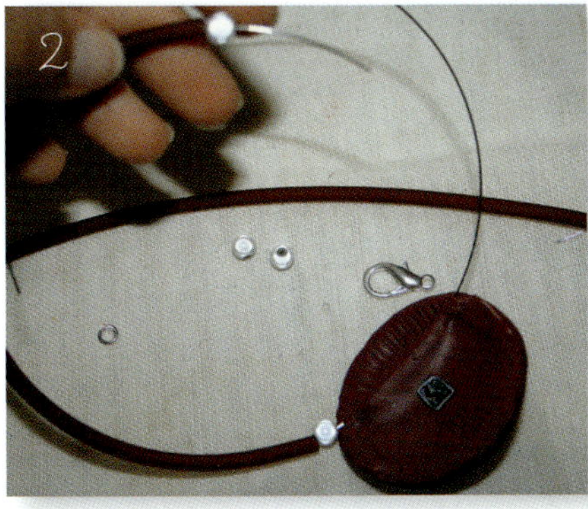

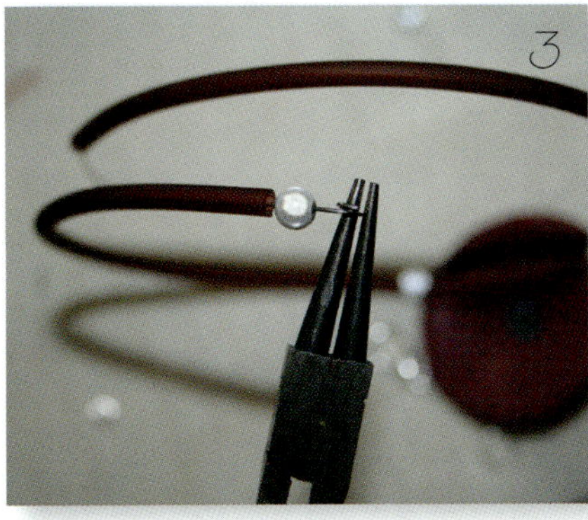

On réalisera ce pendentif avec une lentille faite avec le fond rayé (restes de la canne) sur laquelle on applique une tranche de canne orchidée détourée (on enlève le tour transparent au scalpel).

On applique après la cuisson, une semelle de pâte que l'on perce avant la cuisson.

Photo 1
Le fil mémoire permet d'obtenir un tour de cou rigide.

Photo 2
Enfilez la lentille au milieu du fil mémoire.
Enfilez aussi une perle, le buna puis une perle.

Photo 3
Terminez par une double boucle.

Photo 4
Fixez un anneau à chaque extrémité et un fermoir à droite.

Matériel nécessaire

- Du fil mémoire
- Du fil creux de caoutchouc (ou Buna)
- Des perles magiques
- Des anneaux
- Un fermoir.

Des orchidées

Des exemples de réalisations avec la « canne orchidée » (pages 64 à 68) :

Le fond vert est réalisé suivant la technique du « Mokumé Gané » métallisé.

Des coquelicots

Des exemples de réalisations avec la « canne coquelicot » :

Cette fois les perles toutes entières sont texturées au papier de verre.

Les fines tiges noires sont obtenues au Clay-gun et ont permis de faire le tour du pendentif.

Autres réalisations

Autres exemples de réalisation

Dans ces réalisations, vous reconnaîtrez les perles de l'ouvrage.

Elles peuvent vous donner des idées et vous permettre de créer vos propres bijoux en changeant les couleurs, les montages... la seule limite est l'imagination !

Le cahier technique

Les gestes indispensables

Photo 1

1. Coupez systématiquement les bords irréguliers de vos bandes et tranchez-les en biseau.

Photo 2

2. Coupez des quarts de petits boudins de pâte pour les insérer entre les pétales de vos « cannes fleurs ».

Photo 3

3. Pour décoller facilement de petites découpes de votre plaque de travail, servez-vous de votre lame.

Photo 4

4. Choisissez avec soin les endroits des plaques que vous préférez avec des emporte-pièces variés.

Photo 5

5. Prenez soin de mesurer avec un réglet métallique, le polymère et le plastique font mauvais ménage.

Photo 6

7. Pour créer une plaque fleurie, déposez de fines tranches de cannes sur une plaque d'une autre couleur, c'est l'occasion d'utiliser les chutes.

Conseil

Essuyez toujours vos mains entre chaque manipulation afin de ne pas salir vos réalisations.

Astuce

Commencez à manipuler la couleur claire afin de moins salir vos mains.

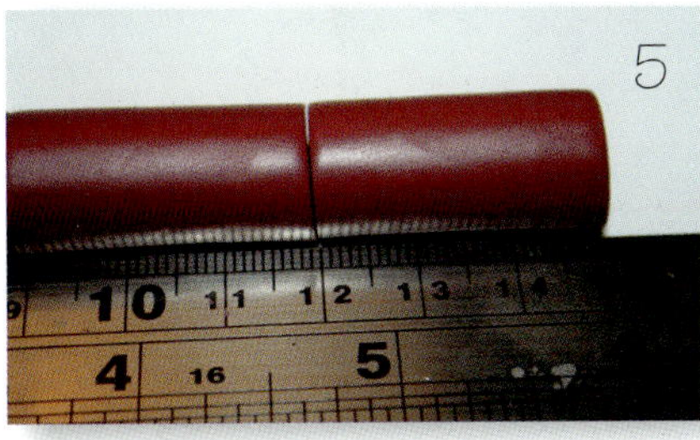

Modeler des boules régulières

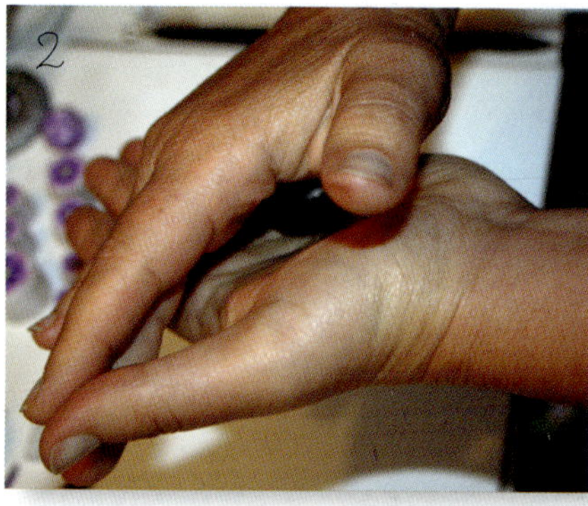

Photo 1

Afin de créer des perles de même taille, servez-vous d'un gabarit.Ici, on utilise un emporte-pièce rond qui nous permet de découper une plaque abaissée à la map au cran n° 1. Chaque rond peut devenir une perle.

Photo 2

1. Modelez les boules entre vos mains en tournant légèrement, si vous avez recouvert vos perles, modelez-les jusqu'à ce que vous ne voyiez plus de relief ni de démarcation.

Photo 3

2. Modelez des perles de différentes tailles en variant le nombre de rond que vous utilisez.
3. Si vous comptez recouvrir les boules de tranches de cannes, vous pourrez utiliser les restes.

Comment utiliser le dégradé

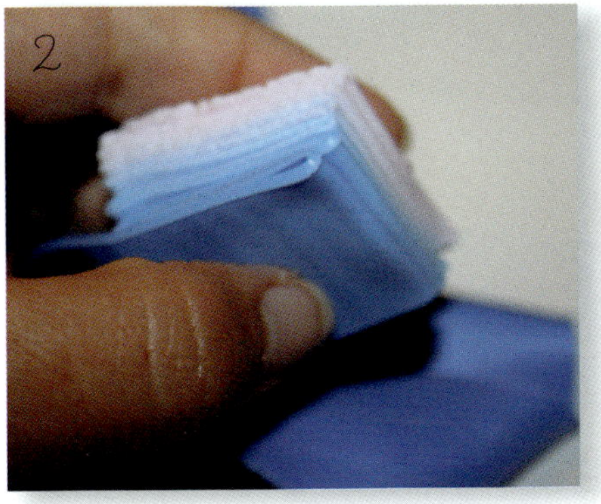

Photo 1

1. Le dégradé peut être roulé sur lui-même de façon circulaire, du plus clair au plus foncé ou l'inverse selon les besoins.

Photo 2

2. Il peut aussi être plié comme en accordéon en empilant les pliures les unes sur les autres, du plus clair au plus foncé ou à l'inverse.

Photo 3

3. On obtient un pavé bien dégradé à condition d'avoir bien affinée la bande de départ à la map, au moins au cran 5.

Photo 4

Comment marquer des sillons dans la pâte ?

1. Pour marquer la pâte, on peut se servir d'une carte en plastique type « Carte Bleue », mais les cartes de fidélité font très bien l'affaire !

Photo 5

2. On peut aussi se servir d'un pic à brochette, d'un manche de pinceau, d'une règle métallique à section carrée...

Comment réduire une canne

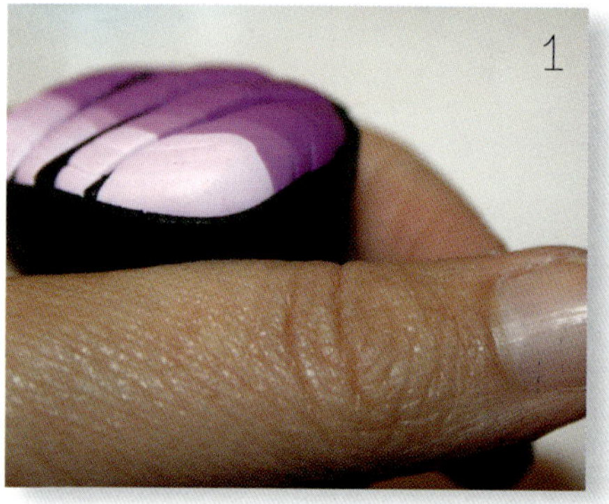

Photo 1

1. Commencez à comprimer le centre de la canne entre le pouce et l'index.

Photo 2

2. Continuez à la comprimer en centre afin de lui donner une forme de sablier.

Photo 3

3. Rapprochez maintenant les bords en appuyant des deux côtés, réduisez bien les deux côtés ensemble.

Astuces

Laissez reposer votre « canne » quelques heures, quelques jours même si vous pouvez !
Elle sera plus facile à réduire et à trancher.

Comment réduire une canne

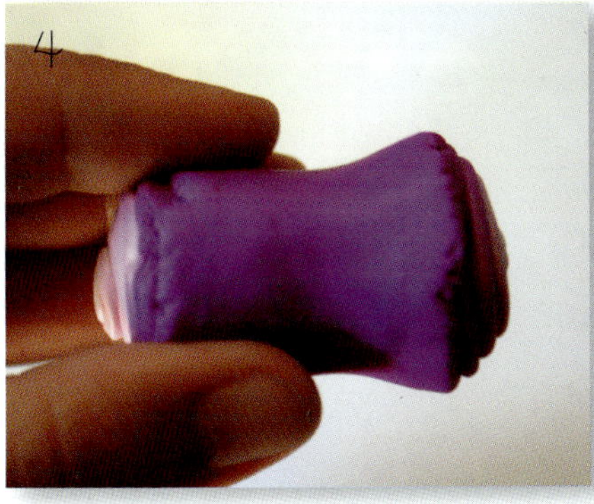

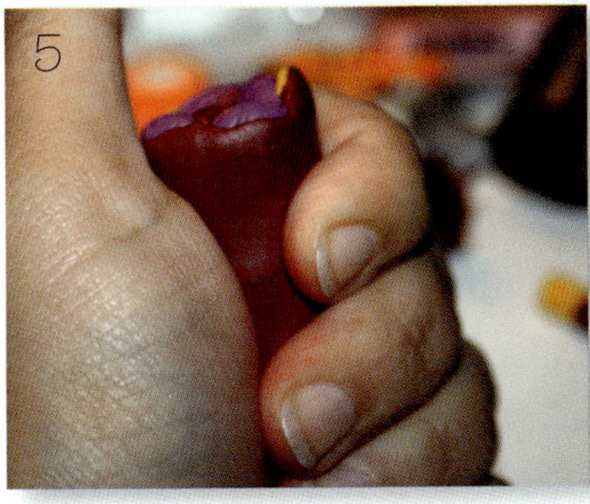

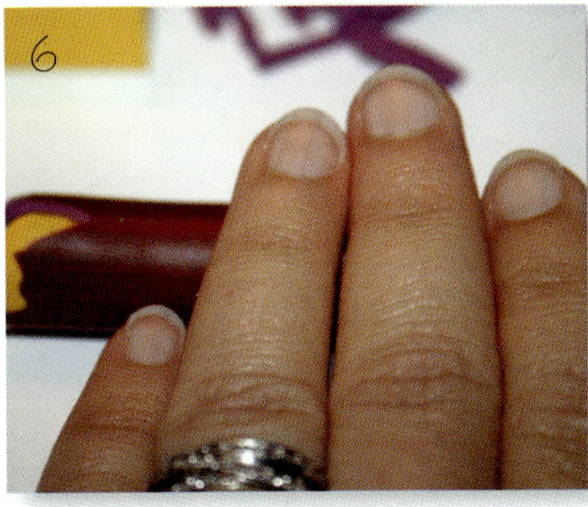

Photo 4

1. Aplatissez les bords de votre sablier afin de reformer un colombin.
2. Faites de même pour chaque bout.

Photo 5

3. Prenez votre canne dans la main et pressez-la sur toute la longueur, vous pouvez la réduire au diamètre que vous désirez ainsi sans risquer de déformer votre motif.

Photo 6

4. Vous pouvez rouler très légèrement votre canne en fin de réduction pour rendre régulier votre colombin mais procédez avec prudence car vous risquez de déformer le motif intérieur.

Astuces

Si vous ne pouvez pas attendre longtemps avant de réduire, passez votre canne au réfrigérateur.

Comment utiliser les tiges

Les tiges peuvent être à boucle ou à embout plat, à boule ou décoré :

Photo 1

1. On enfile la tige dans la perle puis on coupe à environ 1,5 centimètres (comptez une phalange).

Photo 2

2. Avec la pince à bouts ronds, on fait alors une boucle que vous pouvez doubler pour plus de solidité.
3. Il faut entourer, le plus près possible, la tige autour des mâchoires de la pince afin d'obtenir une petite boucle.

Photo 3

4. On procède de la même façon avec les tiges à boucle, ces montages permettent de faire des breloques, des perles s'intégrant dans des sautoirs et des boucles d'oreilles.

Photo 4

Comment ouvrir et fermer un anneau ?

1. Pour ouvrir et fermer un anneau sans trop le déformer, utilisez deux pinces à bouts plats.
2. Chaque pince doit partir dans le sens opposé à l'autre.

Comment fermer un collier

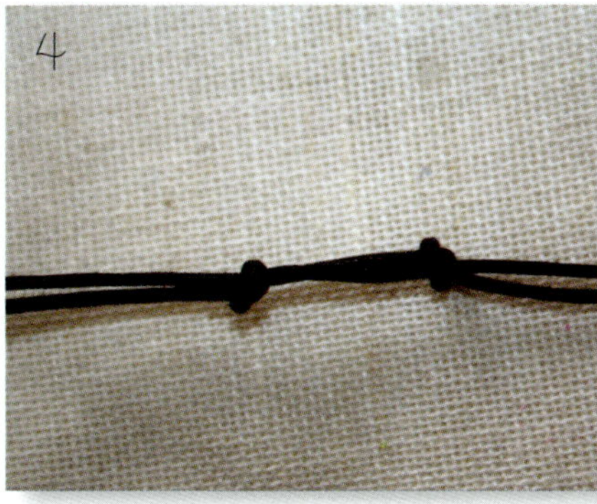

Les perles à écraser :

Photo 1

1. À la fin de votre collier, enfilez une perle à écraser, un anneau.
2. Repassez le fil dans la perle à écraser et dans quelques perles.

Photo 2

3. Écrasez la perle avec la pince à bouts plats et coupez le fil qui dépasse.

Les nœuds coulissants :

Photo 3

1. Vous pouvez fermer un collier par un nœud coulissant, il faudra que vous puissiez le passer par-dessus la tête mais les nœuds vous permettront de l'ajuster.

Photo 4

2. Après avoir fait un premier nœud comme sur la photo 3, faites-en un second à quelques centimètres du premier, vous pouvez enfiler des perles aux extrémités du fil pour finir joliment.

Conseil

On peut aussi utiliser des cordons et leurs embouts pour fermer un collier ou bien simplement un fermoir mousqueton.

Astuces

Photo 1

Pour vernir les perles rondes, vous pouvez les poser sur des cure-dents enfoncés dans des boules de pâte « Beurk », c'est comme cela que l'on nomme la pâte trop laide pour être utilisée.

Photo 2

1. Pour enfiler un fil de coton ciré dans une perle plus facilement, il suffit d'utiliser un morceau de fil câblé plié en deux, d'enfiler le fil de coton à la pliure.
2. Enfilez maintenant le fil câblé dans la perle, le fil de coton suit et s'enfile plus facilement.

Photo 3

3. Vous pouvez vous procurer un tableau à perles qui facilite le positionnement des perles avant leur montage.
4. Il permet aussi d'avoir les perles à portée de main dans les petits rangements sur les côtés.
5. Vous pouvez le commander sur Perles & CO.

Perles en folie !

Lexique

A comme…

Accessoires de montage : matériel qui permet de réaliser des bijoux variés.

B comme…

Bélières : petits anneaux de métal décoré permettant d'orner des pendentifs..

C comme…

Canne : petit rouleau de pâte magique qui renferme un motif détaillé.

D comme…

Dremel : perceuse de précision qui permet de trouer les perles.

I comme…

Infinies : possibilités que vous offre la pâte polymère.

G comme…

Glaçage : action de couvrir d'une couche d'aspect brillant, en fin relief, (résine, polymère liquide, poudre à embosser).

M comme…

Machine à pâte map : outil servant à l'origine à confectionner des pâtes alimentaires, elle est vite indispensable au travail du polymère.

P comme…

Patouilleuse : se dit d'une personne touchée par syndrôme de la polymère, si vous lisez ces lignes, il est trop tard, vous êtes contaminé.

T comme…

Terrible : exclamation proclamée par une patouilleuse ayant réussi de belles perles !

Carnet d'adresses

L'univers de l'auteure :

Le blog ● htpp://cacofim.canalblog.com
La page Facebook ● http://www.facebook.com/pages/Cacofim

A découvrir absolument :

Cristalline ● http://cristalline.blogspot.fr

La championne incontestée de la canne
et de la maîtrise de la matière :
Mabcréa ● http://mabcrea.space-blogs.com
Du merveilleux, du haut-vol, de la perfection !

Gris bleu ● http://grisbleu.canalblog.com
Du très haut-vol !

Une histoire de pâte ● http://isa07.canalblog.com

Beaucoup de talent et de bonne humeur pour des bijoux fantastiques :
Clafoutine ● http://clafoutine.canalblog.com
De la gaité, des couleurs, un style !

Tranche de canne ● http://tranchedecane.canalblog.com
Magali Chauveau vous accueille dans son univers et dans ses livres aux éditions Creapassions !

Electra B. ● http://www.black-electra.fr

Un style unique et une personne magnifique :
Perlimpinpin ● http ://perlesimpinpin.canalblog.com
Une adorable personne et des bijoux toujours fabuleux.

Les fantaisies de Pïnklili
● http://pinklily.canalblog.com
Une personnalité toujours joyeuse et des bijoux très colorés, plein de tutos sur son blog.

Créa'tendance
● hhttp://createndance.canalblog.com
Un style très personnel et des réalisations en grand nombre à vous couper le souffle.

Les récréations de Chamade ● http ://chamadeblog.canalblog.com
De la couleur, des idées, une mine !

Polymeramoi ● http://tmariefrance.canalblog.com
Un univers de découvertes constantes.

Alice Stroppel ● http://alicestroppel.wordpress.com
Une Américaine généreuse et bourrée de talent.

Malospazos ● http://malospazos.canalblog.com

Une artiste généreuse à découvrir, des merveilles de techniques sur son blog.

Parole de pâte ● http://paroledepate.canalblog.com
Un blog collectif de passionnés, des dizaines de tutos, des trucs, des astuces, des découvertes...
Et bien d'autres encore...

Pour acheter vos fournitures :
Perles & co ● http:/www.perlesandco.com
Maloufimo ● http://www.maloufimo.com

Remerciements

Mon premier remerciement va de tout cœur à mon mari qui m'a soutenue, encouragée et qui fut mon photographe de secours.

Je ne dois pas oublier Emmanuelle Prot qui m'a sollicitée pour faire cet ouvrage et que je remercie pour sa disponibilité et son professionnalisme.

Je remercie chaleureusement mes deux sponsors « Perles and Co » et « Maloufimo.com » qui n'ont pas hésité à m'apporter leur soutien.

Je remercie Frau Méla qui m'a beaucoup aidé dans l'élaboration du sommaire, des idées et qui est, au passage, une personne unique et irremplaçable.

Je tiens à adresser mes plus respectueux remerciements à Alice Stroppel pour avoir accepté que j'utilise sa technique et « Chamade » pour les mêmes raisons.

Je tiens à préciser que la méthode des perles rayées est fortement inspirée de la technique présentée par « Gris bleu » sur « Parole de pâte ».

Je remercie « Cristalline » avec qui m'est arrivée une petite aventure de recherche patouilleuse : nous avons découvert quasiment en même temps l'astuce des rayures « récup' », sa compréhension fut la bienvenue.

Je remercie toutes les passionnées de la polymère qui partagent leurs créations et leurs techniques sur le net et sans qui je n'aurais pas attrapé le virus de la polymère. Il est incurable, alors méfiez-vous !

Imprimé en U.E. – Dépôt légal février 2013